从零开始学
外汇交易

理财有道◎著

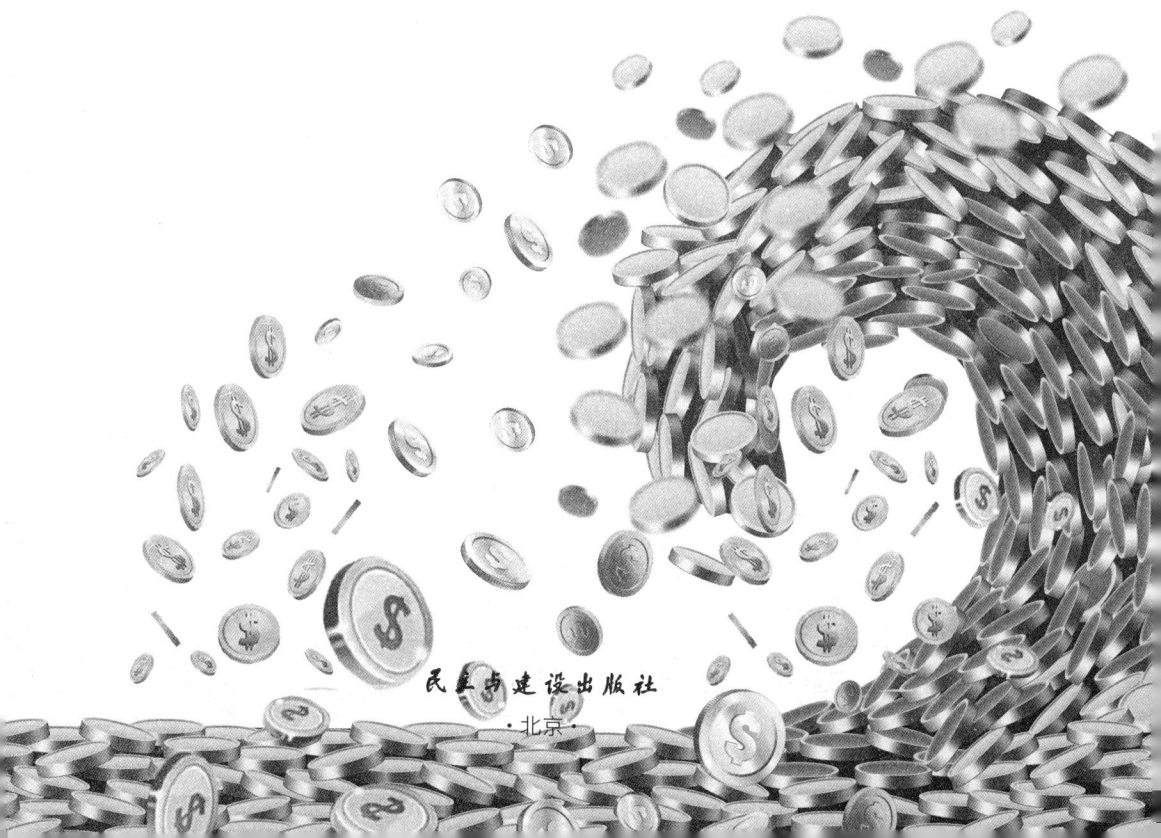

民主与建设出版社
·北京·

图书在版编目（CIP）数据

从零开始学外汇交易 / 理财有道著 . — 北京：民主与建设出版社 , 2021.1
　　ISBN 978-7-5139-3333-9

　　Ⅰ . ①从… Ⅱ . ①理… Ⅲ . ①外汇交易－基本知识 Ⅳ . ① F830.92

中国版本图书馆 CIP 数据核字 (2020) 第 242914 号

从零开始学外汇交易
CONG LING KAISHI XUE WAIHUI JIAOYI

著　　者	理财有道	
责任编辑	吴优优	
装帧设计	尧丽设计	
出版发行	民主与建设出版社有限责任公司	
电　　话	（010）59417747　59419778	
社　　址	北京市海淀区西三环中路 10 号望海楼 E 座 7 层	
邮　　编	100142	
印　　刷	衡水泰源印刷有限公司	
版　　次	2021 年 5 月第 1 版	
印　　次	2021 年 5 月第 1 次印刷	
开　　本	710mm×1000mm　1/16	
印　　张	15	
字　　数	185 千字	
书　　号	ISBN 978-7-5139-3333-9	
定　　价	48.00 元	

注：如有印、装质量问题，请与出版社联系。

外汇交易是一种投资理财方式，也称作炒外汇。通俗地说，外汇交易就是以盈利为目的，在外汇市场买卖外汇——低价买进外汇，高价卖出外汇，从中赚取差价。

在外汇交易的过程中存在严密的交易机制，而且汇率变动是关键。汇率又称外汇利率，指一国货币与另一国货币的比率，处在一个时时变动的环境里。因此，作为一名外汇投资者，需要掌握汇率变动的特点和趋势，抓住外汇交易的时机，进而获得收益。在进行外汇交易的外汇市场中，可选择的货币种类保持在一个相对稳定的范围内，所以很多人都可以从有限的货币中找到自己心仪的交易对象，并把握住交易机会进行外汇交易。

从事外汇交易并不是一件难事，只要有一定的原始资金，就可以进行外汇投资。当然，外汇交易作为一种理财方式，其风险也是不容忽视的，需要投资者理性对待。在进入外汇市场做交易的时候，投资者要仔细寻找满意的买卖机会适时出手。

本书作为一本外汇交易的入门读物，从外汇交易者需要掌握的基本知识着手，依次对外汇交易机制、外汇交易方式、各个国家或地区的货币形式进行了介绍，并且对外汇交易者需要掌握的外汇行情分析方法、外汇交易软件的使用做了介绍，将外汇交易过程中的交易策略和交易法则进行了展示。同时,作为一名外汇投资者,掌握一定的投资心理学也是相当关键的,这样就能够在外汇投资交易过程中对投资大众的心理进行分析,抓住外汇买卖的突破点和趋势,从而在外汇交易中获得理想的收益。

本书内容将理论与应用相结合,实操性强,是外汇交易入门者的必备工具书,可以很好地帮助外汇交易者轻松掌握外汇交易的各种技巧和法则,进而在交易实践中获取可观的外汇投资收益。

$ 目录
CONTENTS

$ 第九章　站稳交易市场，交易策略举足轻重

$ 附　录

第一章　外汇交易入门必备的基本知识

外汇交易者不可不知的外汇知识

汇率才是决定外汇价值的标杆

交易者需要了解的外汇市场的基本要素

外汇市场的八大优势，有效吸引大众参与

人民币在升贬值的风波里如何站稳脚跟

延伸阅读：做好准备，开启外汇市场航船

外汇交易者不可不知的外汇知识

要想做外汇交易，首先需要了解的就是有关外汇的一些基本知识。在外汇市场上，外汇是做交易的关键，也是交易的对象。那么，外汇到底是什么？我们该用什么属性来描述外汇以及外汇的价值呢？要想知道答案，就要了解一个新的概念——汇率，它作为两个不同币种的比率，用来描述外汇价格的变动，并且在外汇交易过程中扮演着非常重要的角色。因为汇率的变化，外汇市场才更有活力，因此也才能更加吸引投资者入场。

1. 外汇的概念

外汇是什么？这其实是一个不难回答的问题。比如，有人打算去英国留学，但是在去之前，这个人会先到银行换一些英镑。那么，相对于本国货币来说，这个人换取的英镑就是外汇了。再比如，我国的一家公司在美国有很大一部分业务，那么在美国的业务结算中就需要使用美元；而国内的总公司在年度记账的时候，也需要对美国业务的营业额按一定的折算方式将美元折合成人民币，这样才可以进行记账。

上面提到的英镑、美元，相对于国人来说就是外汇了。国际货币基金组织对外汇的解释为：货币行政当局（中央银行、货币管理机构、外汇平准基金组织和财政部）以银行存款、财政部库券和长短期政府证券等形式保有的在国际收支逆差时可以使用的债权。

有人认为，外国的货币即外国的钞票就是外汇，其实也不尽然。因为一种钞票之所以能够称得上是外汇，前提是它必须能够自由兑换和自由流通。外汇与外汇之间的自由兑换，俗称外汇买卖。目前，我国外汇不能自由流通。

2. 如何理解外汇

为了对外汇有一个更清晰的理解，这里我们从动态和静态的两个方面来对外汇进行解说。

动态的外汇是指将一国的货币兑换成另一国的货币，以便进行一些跨国事务活动。比如，英国的一家公司从美国进口一批医疗设备，双方在合同中约定用美元进行支付，但是英国公司目前只有英镑，没有美元存款。这时候，为了解决支付的问题，英国公司就会向伦敦银行购买相应金额的美元汇票，然后将其邮寄给美国的出口商来进行货款支付，而美国的出口商在收到汇票后会向纽约银行兑取美元。这样以美元为支付形式的交易就算完成了。而这个过程就是国际汇兑。

静态的外汇是指用外币表示的、能够被各国普遍接受的、可用于清偿国际间债务关系的一种支付手段。

所以，外汇是一种国际间的支付手段，但是这种支付手段对外汇提出了三方面的限制。

（1）外汇必须是以外币计价或表示的各种金融资产。也就是说，以本国货币计价或表示的金融资产不能视为外汇。

（2）外汇具有充分的可兑换性。就拿世界上流通最广的美元来说，美元可以自由兑换成日元、英镑、欧元、人民币、韩元等各种货币，因而美元对其他国家的人来说，就是一种外汇了；而我国的人民币在国际上还没有放开自由兑换，所以我国的人民币对外国人来说，只能是一种外币，不能算是外汇。

（3）外汇在国际上被普遍接受。一些拒付的汇票及空头支票之所以不能算是外汇，是因为它已经没有了实际价值，不能在国际结算业务中获得认同。

这里我们介绍一下我国的外汇。《中华人民共和国外汇管理条例》指出：我国的外汇是指以外币表示的可以用作国际清偿的支付手段和资产。其具体包括五项内容，如图1-1所示。

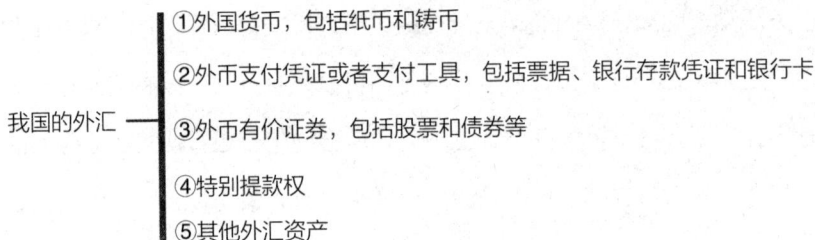

我国的外汇
①外国货币，包括纸币和铸币
②外币支付凭证或者支付工具，包括票据、银行存款凭证和银行卡
③外币有价证券，包括股票和债券等
④特别提款权
⑤其他外汇资产

图1-1　我国的外汇

这里需要说明的是，特别提款权是一种提取资金的权利，指的是国际货币基金组织根据自身会员国认缴的基金份额分配的可用于偿还国际货币基金组织债务、弥补会员国政府之间国际收支逆差的一种账面资产。

汇率才是决定外汇价值的标杆

汇率是外汇的价格反映。各国货币币值的差异，主要是由汇率的不同引起的，因而人们进行外汇交易的时候，需要重点关注汇率的变化。

1. 汇率的定义

汇率，是指用一国货币表示另一国货币的价格。也就是说，汇率是两种货币之间进行交换的价格比率，因而汇率又称为"汇价""兑换率"。

除了在做外汇交易时会用到汇率，在国际贸易中，汇率也是一个非常重要的价格指标。比如，我们将国内生产的产品销往美国时，就需要按照一定的汇率对产品的人民币价格进行折算，换成以美元表示的价格。汇率的波动会影响本国产品在出口国的价格，从而影响出口收益。所以，汇率这一概念在国际贸易中的地位非常重要。

2. 汇率的两种标价方法

通常，我们会用两种方式对汇率进行标价。

（1）直接标价法。它是以一定单位的外国货币为标准，折算若干数量的本国货币来表示汇率。具体方法为：外币（基准货币）/ 本币（标价货币），读作外币兑本币。比如，USD/CNY=6.5814，表示在中国，1美元等于6.5814元人民币。

通俗地讲，直接标价法就是以一定单位的外国货币为基准，计算应该付多少本国货币能与之在价值上相等。因此，直接标价法又称应付标价法。

直接标价法是目前世界上大多数国家采用的外汇标价方法。在这种标价方法中有这样一种变动关系：本币数量增加→外汇汇率上涨→外币升值→本币贬值；反之本币数量减少→外汇汇率下跌→外币贬值→本币升值。

（2）间接标价法。它是以一定单位的本国货币为基准，折算若干数量的外国货币来表示汇率。具体方法为：本币（基准货币）/外币（标价货币）。比如，CNY/USD=0.1544，表示在中国，1元人民币等于0.1544美元。

通俗地讲，间接标价法就是以本国货币为标准来计算应收多少外国货币以使它们价值相等。因此，这种折算方法又称应收标价法。

目前，采用间接标价法的是少数货币，主要有美元、英镑、欧元、澳元、新西兰元、爱尔兰镑和南非兰特等。在这种标价方法中会存在这样的变动关系：外币数量增加→外汇汇率下跌→外币贬值→本币升值；反之外币数量减少→外汇汇率上涨→外币升值→本币贬值。

值得提醒的是，直接标价与间接标价实际上互为倒数关系。一般来说，一个国家在一定时期内，其外币的折算方法只能采用其中的一种。世界上大部分国家都采用直接标价法，只有少数发达国家用间接标价法。

3. 汇率的几种类型

汇率按照不同的标准来划分，可以分为3种类型，具体如表1-1所示。

表 1-1 汇率的类型

划分标准	分类	含义
汇率的制定	基本汇率	本国货币兑换某一关键货币的比率
	套算汇率	通过基本汇率套算得到的两种货币间的比率
银行买卖外汇	买入汇率	外汇银行从客户手中买进外汇时所采用的汇率
	卖出汇率	外汇银行卖给客户外汇时所采用的汇率
	中间汇率	外汇买入价和卖出价的算术平均数
	现钞汇率	银行买卖外汇现钞的价格
外汇买卖交割期限	即期汇率	买卖双方成交后，在当时或者两个工作日之内进行交割①时所采用的汇率
	远期汇率	买卖双方成交后，在约定的日期办理交割时所采用的汇率

4. 汇率的上涨与下跌

汇率是一个变动的数值，这种变动叫作汇率的上涨或下跌。

（1）汇率上涨，指的是一种货币可以兑换较多的其他货币。比如，月初是 GBP1=USD1.5627，月末是 GBP1=USD1.5631，这种变化说明：到了月末，英镑汇率上涨，可以兑换更多的美元。

（2）汇率下跌，指的是一种货币只能兑换较少的其他货币。比如，月初是 USD1=CNY6.1706，月末是 USD1=CNY6.1695，这种变化说明：到了月末，美元汇率下跌，可兑换的人民币减少。

一般来说，汇率上涨或下跌的幅度会有专门的表示方法，如表 1-2 所示。

---

① 交割：指外汇业务中，交易双方过户交易货币所有权的实际交付行为。

表 1-2　汇率变化幅度的表示方法

表示方法	具体内容
基本点(基点)	由五位有效数字组成的汇率的最后一位，就是基本点。通常一个基本点是 0.0001（日元汇率中，一个基本点是 0.01）
百分比	基准货币 / 标价货币的汇率变化（%）=（新汇率 / 旧汇率 − 1）× 100% 标价货币 / 基准货币的汇率变化（%）=（旧汇率 / 新汇率 − 1）× 100%

一般来说，不同国家对汇率变动的安排或规定存在差异，这就产生了两种汇率制度：固定汇率制度和浮动汇率制度。

（1）固定汇率制度，指的是将一国货币与另一国货币兑换的比率固定在一定范围内，让汇率在该范围的上下限之间波动。

（2）浮动汇率制度，指的是依据市场供求关系让汇率自由变动，货币当局不进行干预。

交易者需要了解的外汇市场的基本要素

在进行外汇交易的市场中，不仅发生着与外汇相关的各种交易行为，而且还为各种外汇交易的需求者提供了交易对象。

1. 外汇市场的概念及类型

外汇市场是指专门从事外汇买卖的场所，即各种外汇之间进行交换的场所。

外汇市场是金融市场重要的组成部分，是为了满足人们参与金融活动的需要而产生的。外汇市场存在的意义如图 1-2 所示。

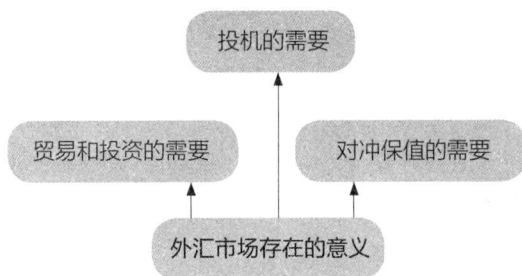

图 1-2　外汇市场存在的意义

外汇市场在发展过程中形成了各具特色的外汇市场类型。我们依据外汇市场的发展程度、市场参与者、交易方式、交割时间和有无场所等将其分为几种类型。比如，地区性的外汇市场和国际性的外汇市场，广义的外汇市场①和狭义的外汇市场②，管制外汇市场与自由外汇市场，大陆式外汇市场与英美式外汇市场。

这里我们主要介绍按交易场所是否有形来划分的大陆式外汇市场和英美式外汇市场，具体如表1-3所示。

表1-3 大陆式外汇市场和英美式外汇市场的区别

	大陆式外汇市场	英美式外汇市场
交易地点	有具体的交易场所，一般设在证券交易所内部的外汇交易厅	没有具体的交易场所
交易时间	有固定的时间	没有固定的开盘、收盘时间
交易方式	各银行的代表集中在交易厅内进行交易	双方在安排成交时无须见面，通过连接银行和外汇经纪人的电话、电报、电传和计算机终端等进行交易
代表市场	欧洲大陆上的外汇市场（除瑞士、伦敦等）	伦敦、纽约、东京

2. 外汇市场中常用的货币

货币是外汇市场的交易对象。为了让外汇市场的交易更加方便，外汇市场一般使用国际标准ISO4217货币代码表示货币。这种货币代码由3个大写的英文字母组成，前两个字母表示货币所属国家和地区，最后一个字

---

① 广义的外汇市场：又称客户市场，是指银行与客户间的外汇买卖市场，主要以零星交易为主，交易量较小。
② 狭义的外汇市场：又称银行间市场，是指银行为了平衡外汇账目，从事外汇买卖交易或金融性交易的市场。

母表示货币的单位。如CNY，就是人民币的表示方法，其中"CN"是"China"的简称，而"Y"就是"元"的表示。

世界上几乎各个国家或主要地区都有自己的货币，这些货币中却只有极少一部分成了外汇市场中活跃且极具流动性的货币。外汇市场不同，货币的活跃度不同，交易量最大的一直都是美元。我们按交易量对外汇进行排序，其大致顺序如表1-4所示。

表1-4 外汇市场的货币交易量排序

货币	货币符号	货币	货币符号
美元	USD	墨西哥比索	MXN
欧元	EUR	新加坡元	SGD
日元	JPY	中国香港港元	HKD
英镑	GBP	挪威克朗	NOK
澳大利亚元	AUD	韩元	KRW
加拿大元	CAD	新土耳其里拉	TRY
瑞士法郎	CHF	印度卢比	INR
人民币	CNY	俄罗斯卢布	RUB
瑞典克朗	SEK	巴西雷亚尔	BRL
新西兰元	NZD	南非兰特	ZAR

外汇市场的八大优势，有效吸引大众参与

随着投资需求的增长，外汇投资成为越来越多人的投资选择。外汇投资的兴起与外汇市场的各种优势分不开。外汇市场的投资优势显示出一种参与便捷、可靠、风险可控的趋势，因而吸引了众多投资者参与进来。所以外汇市场在逐渐发展的过程中，依靠自身优势及众多参与者的推动，成了国际投资界的一颗新星。

1. 外汇市场的优势

外汇市场有八大优势，它们共同吸引着大量的投资者参与到外汇投资的市场中来。

（1）24小时的运作市场。外汇市场分布在全球各个地方，从地理位置来看，主要分布在亚洲、欧洲、北美洲和大洋洲。依据地理分布产生的差距，世界上的各个外汇市场能够依照时区差异进行衔接，使得外汇交易不再受制于空间限制，可以进行24小时的实时电子交易。一般来讲，外汇交易的黄金时间是北京时间的20:00 ~ 24:00。在这段时间中里，欧洲外汇市场和美洲外汇市场正处于最活跃、汇率变动最大的时刻。

（2）极具流动性的双向交易市场。外汇市场的资金有着非常强的流动性。外汇市场实行的是T+0交易制度，这是一种双向交易制度，交易者可以随买随卖，这就使得交易非常容易兑现。

（3）低成本就可以实现外汇交易。进行外汇交易时不收取佣金和手续费，只设定点差作为外汇交易过程中的成本。所以对投资者来说，外汇交易市场的交易成本十分低廉。在正常的市场条件下，小额交易成本是买卖价之间的点差，一般小于 0.001；而一些大的交易商，其点差成本低至 0.0007。

（4）较高的交易杠杆。外汇交易者可利用保证金实现杠杆交易，即以小博大，实现提升资金信用额度进行交易的目的。进行外汇交易的时候，利用交易保证金账户的小数额资金，能够控制较大数额的合约①价值。所以，外汇市场中的杠杆给了投资交易者赚取利润的机会。

（5）较高的交易透明度催生巨大的交易量。全球外汇市场有巨大的成交量，利用先进的网上交易平台，交易行情数据可以实现实时公开，这种高透明的交易市场减少了市场操纵者的操纵机会；而且在外汇市场波动较大的时候，中央银行还会出面进行干预。所以外汇交易市场是一个汇价相对公平、人为操纵机会较少的交易市场。

（6）可以自由进行买涨、买跌活动。在外汇交易市场中，只要看准了方向，就可以自由地进行买涨或买跌，然后利用行情赚取利润。

（7）外汇买卖方便，交易迅速。外汇市场可以在同一时间同时买入或卖出若干外汇交易项目，买卖容易，成交过程也相当快捷，因而投资者不会轻易错过交易机会。

（8）外汇投资货币容易选择。外汇市场中可选择的交易货币种类不多，交易者只需从全球进行交易的十几种货币组合中选择自己中意的交易对象即可。

----

① 合约：也叫单位，是外汇交易的标准单位。

2. 外汇市场的参与者

在外汇市场中，参与外汇交易的组织或个体构成了外汇市场的参与者，如表1-5所示。这些参与者可以分为外汇的供给者和需求者，他们以各自的交易目的进入外汇市场进行交易。

表1-5　外汇市场的主要参与者及其作用

参与者	作用
中央银行	各国货币的供给者，也是各国银行体系的管理者，是外汇的执行者
外汇银行	承担外汇买卖及资金融通、筹措、运用、调拨的任务，是外汇市场的参与主体，外汇市场中90%的买卖交易是在外汇银行之间发生的
外汇经纪人和外汇交易员	指专门介绍外汇买卖业务，促使双方进行成交的中间人。外汇经纪人一般可以分为两类：一类是一般经纪人，他们利用自有资金参与买卖外汇的中介活动，自己承担损益；另一类是跑街经纪人，他们提供外汇买卖信息，代客户进行买卖活动，从中收取佣金
一般客户	外汇市场上的一些企业、机关、团体，是外汇的最初供应者和最终需求者。这些客户反映了外汇市场的实质性供求，会对国民经济产生一定的影响
外汇投机者	利用预测的外汇涨跌趋势和汇率的时间差异进行低买高卖，赚取投机利润的市场参与者

3. 外汇市场的交易层次

在外汇交易市场中，各个类型的参与者的外汇交易行为构成了外汇市场的交易层次。外汇交易市场一般有以下3个交易层次。

（1）顾客与银行间的外汇交易。交易额相对较小，因而又称零售外汇交易。

（2）银行同业间的外汇交易。交易额大，又称批发外汇交易。

（3）中央银行与外汇银行间的外汇交易。中央银行出于职责的需要，对外汇银行的交易进行管理，从而干预外汇市场，有时也借助外汇经纪人的撮合来进行干预。

人民币在升贬值的风波里如何站稳脚跟

人民币的汇率问题是外汇投资者一直关注的焦点。对外汇投资者来说，与人民币相关的任何汇率变动都极其敏感，因此，关注我国人民币的汇率变动已成为绝大部分外汇投资者的习惯。

那么，我国的人民币在国际外汇市场中的竞争力如何呢？虽然外汇市场投资优势很多，但是要想让一种货币在这个市场中一直处于优势地位并不容易。

1. 人民币的简单介绍

在我国，除了汇率之外，人民币利率与人民生活关系更密切，而且我们也倾向于用利率来评价人民币的价格走势。但是汇率的评价更具有国际视角，能让我们更清晰地认识到人民币在国际环境中的竞争力。

人民币汇率一直处于一个波动的状态：如果汇率上升，就意味着人民币升值，人民币的价值变大；如果汇率下降，则意味着人民币开始贬值，其价值开始变小。

因此，我们似乎更期待人民币升值。但是，人民币升值并不一定都是有利的，也有一定的弊端，具体如表1-6所示。

表 1-6　人民币升值的利弊

利	1. 增强我国民众的购买力； 2. 进行国外投资和购买国外资产更加便宜和便利； 3. 产生良好的经济效应，吸引大量国外投资者进入国内； 4. 促使中国的产业结构由劳动密集型向高附加值方向转变； 5. 为人民币走向世界奠定一定的基础，升值后的人民币更利于在国际范围内流通
弊	1. 国家的外汇储备会随着升值幅度有所损失； 2. 相对于进口国家来说，人民币升值会使它们的进口成本增加，进而使我国的出口减少； 3. 在一定程度上影响我国的劳务输出； 4. 人民币购买力的增强，会使进口增加，进而缩小我国的贸易逆差[①] 额

2. 人民币汇率制度

人民币汇率制度历经多个发展历程，在不断的改革过程中逐渐形成了现有的人民币汇率制度——以市场供求关系为基础，参考"一篮子"货币进行调节的、有管理的浮动汇率制度。

现有的人民币汇率制度使汇率的调控方式不只盯着美元，而是参照"一篮子"货币，依据市场供求关系来进行浮动。需要说明的是，这里的"一篮子"货币，是指按照我国对外经济发展的实际情况，选择若干种主要货币，赋予其相应的权重，组成一个货币篮子。当然，参考"一篮子"货币，不是盯着"一篮子"货币的汇率来制定我国的汇率制度，而是将市场供求关系考虑在内，以市场为重要依据来制定人民币汇率制度。

[①] 贸易逆差：指进口额大于出口额。进口额越大，出口额越小，会使贸易逆差增大。逆差越大，对一国经济越不利。同样地，若进口额小于出口额，则是贸易顺差。一般来讲，各个国家更喜欢贸易顺差，顺差越大，则出口越多，对本国经济越有利。

总体来说，我国独特的汇率制度可以很好地控制人民币的汇率变动。因为"一篮子"货币参考制度可以发挥其积极作用，加上我国的经济形势也是一个参考依据，所以人民币的汇率走势不会太失控。当然，我国的货币管理机构也会有足够的办法来应对人民币汇率的变动。

$ 延伸阅读：做好准备，开启外汇市场航船

我们已经知道，外汇市场是一个存在很多投资机遇的市场，在这个 24 小时营业的市场中，只要交易者做足够充分的准备，就可以轻松获得投资收益。当然，这个准备过程会涉及较多的内容，不管是资金的准备、交易方法的掌握，还是对交易市场的认识与分析，都是需要掌握的基本内容。但是除此之外，交易心态也很重要，因为用一种良好的心态来面对外汇交易，对投资者来说，或许是最难的事。

那么，我们到底应该保持一种什么样的交易心态呢？经验丰富的投资大师经常会提到一种心态——投机心态。这种心态可以用一句大家耳熟能详的话来解释：交易有风险，投资需谨慎。尽管我们已经知道外汇市场的风险较小，但是做外汇交易不但要和外汇市场打交道，还要和人打交道。所以，外汇交易就是冒着风险去赚取收益。

关于这种投机心态，我们需要做一些解读。在外汇市场上寻找机会就是投机行动，这样做的最终目的是赚取差价，所以"投机"是一个中性词，它不能跟"赌博"等相挂钩。这种投机行为是由理性支配的，而且其是经过一定的理性分析和预测后产生的。当投资者进入外汇市场时，要明确一点：做任何交易都存在风险，只是大小不同而已，所以外汇交易者需要明确自己的心态，即自己是依据理性和智慧来进行投资的，是对风险和收益进行比较之后采取的可行的交易行动。因此，盲目跟风、赌博心态是外汇交易的大忌。

有了良好的投资心态后，还要掌握一定的外汇投资方法。而选择一本可靠的外汇交易指导书是必不可少的。外汇交易者要对书籍中介绍的各种交易理论反复解读，因为很多外汇交易理论，如道氏理论、波浪理论等都是投资大师的思想精华。如果能切实掌握它们，做到用理论武装自己的大脑，那么对自己今后的外汇投资交易将会大有裨益。

在进行外汇交易时，很多资深外汇投资者一般都会依据自己的经验做出判断，比如如何抓住机会、何时出手交易最好等，所以外汇交易技能的强化与不断地学习和实践积累是分不开的。经验丰富的外汇交易大师们会给出各种各样的建议来帮助外汇交易新手快速入门。被称为"中国外汇教父"的敬松先生，总结过自己的七大外汇交易箴言：

（1）真理不是越辩越明。

（2）重点在于讨论的过程，而不是讨论的结果。

（3）讨论的目的是理解别人的思路，关键要独立思考。

（4）讨论的结果仅供参考，千万不要给自己找借口。

（5）和别人讨论行情之前，一定要自信。

（6）只做有依据的、能控制风险的交易。

（7）敢于提问、善于提问。

第二章　做好交易准备，从熟悉外汇交易机制开始

掌握六项外汇交易细则，轻松搞定交易流程

做好货币配对，利用汇率差实现投资收益

看懂涨跌行情，适时买入卖出

关注价格落差点数，及时采取交易行动

掌握可以对冲损失的对策，降低交易风险

选择优质的经纪商和平台

熟知外汇交易账户开立的相关细节

延伸阅读：外汇市场的那些事

掌握六项外汇交易细则，轻松搞定交易流程

要想做外汇交易，需要掌握外汇交易过程中的一些细则，这是进入外汇交易市场的基础。外汇交易细则通常涉及外汇交易时间的选择、外汇的交易报价，以及外汇的利息计算和外汇的盈亏计算等。

1. 外汇交易时间的选择

外汇市场是一个 24 小时运行的市场，所以外汇交易时间的选择非常充分。外汇交易场所分布在全球约 30 个主要外汇交易市场，跨越了所有的时区，交易者可以在任意时间段选择交易，如表 2-1 所示。

表 2-1　外汇交易市场所处的时区

地区	城市	开市时间	收市时间
大洋洲	悉尼	7:00	15:00
亚洲	东京	8:00	16:00
	香港	9:00	17:00
	新加坡	9:00	17:00
	巴林	14:00	22:00
欧洲	法兰克福	16:00	0:00
	苏黎世	16:00	0:00
	巴黎	17:00	1:00
	伦敦	18:00	2:00

续表

地区	城市	开市时间	收市时间
北美洲	纽约	20:00	4:00
	洛杉矶	21:00	5:00

这种跨越时间限制的外汇交易，形成了全球一体化运作、全天候交易的国际外汇市场。

2. 外汇的交易报价

外汇的交易报价实际上说的是外汇交易过程中的汇率。在外汇交易的过程中，外汇以货币组合的形式出现，我们把这种货币组合叫作货币对。比如 USD/CNY、GBP/USD 等，就是货币对形式的外汇报价。

3. 外汇的利息计算

当外汇投资者持有一定数额的外汇（在这里，我们把这种持有的外汇数额叫作合约，如 10 个合约）时，这些外汇将产生一定的利息，这也是外汇投资者赚取收益的一种方式。一般认为，买高息外币才有利息收入，而卖高息外币还需要给买者支付利息。另外，因为各国的利息经常进行调整，所以不同时期不同货币的利息收取和支付也是不确定的。

外汇的利息计算方法一般有以下两种。

（1）适用于直接标价的外币，如日元、瑞士法郎等。利息计算公式为：

$$利息 = 合约金额 \div 入市价 \times 利率 \times 天数 \div 360 \times 合约数$$

（2）适用于间接标价的外币，如欧元、英镑、澳元等。利息的计算公式为：

$$利息 = 合约金额 \times 入市价 \times 利率 \times 天数 \div 360 \times 合约数$$

4. 外汇的盈亏计算

计算外汇的盈亏，就是计算外汇买入、卖出的点差。

（1）直接标价法下的盈亏计算公式为：

$$盈亏 = （卖出价 - 买入价）\times 合约单位 \div 平仓价^{①} \times 手数^{②}$$

比如 USD/JPY，每手合约为 10 000 美元，如果在一天之内卖出 3 手 USD/JPY 合约后，又买入了 3 手 USD/JPY 合约，即当天进行了平仓[③]，卖出价为 109.70，买入价为 108.60（平仓价），则：

$$盈利 = （109.70-108.60）\times 10\,000 \div 108.60 \times 3 \approx 303.87（美元）$$

（2）间接标价法下的盈亏计算公式为：

$$盈亏 = （卖出价 - 买入价）\times 合约单位 \times 手数$$

比如 EUR/USD，每手合约为 10 000 欧元，如果在一天之内先买入 3 手欧元，再卖出 3 手欧元，即当天进行了平仓，买入价为 1.9050，卖出价为 1.8847，则：

---

① 平仓价：外汇交易时卖出和买入的现价。

② 手数：衡量外汇交易数量的单位。

③ 平仓：把买进单在现价位卖出，把卖出单在现价位买进，以此结束交易。

$$盈利 =（1.8847-1.9050）\times 10\ 000 \times 3=-609（欧元）$$

5. 外汇的直盘和交叉盘

直盘是指含有美元货币的交易，如 EUR/USD、USD/JPY 等，而 EUR/USD=1.4462，表示 1 欧元等于 1.4462 美元。

交叉盘是指两个非美元货币之间的交易，如 GBP/JPY、GBP/CAD 等，而 GBP/JPY=122.5598，表示 1 英镑等于 122.5598 日元。

6. 外汇的追加保证金通知

外汇投资者的账户里会有一定的金额，这部分金额既不是佣金，也不是交易的手续费，它是交易者必须存入的保证金，以便承担由反向价格运动引起的任何可能的损失。

但是，交易者账户里的保证金会有一定的限额，不能低于最低的水平线。当保证金的数额低于限制水平线之后，经纪商会要求交易者继续存入一定数额的保证金，以便进行后续的外汇交易。保证金追加通知一般发生在市场与交易者持有的头寸[①]做相反运动时。

---

① 头寸：是一种以买入或卖出来表达的交易意向。

做好货币配对，利用汇率差实现投资收益

在外汇市场中，货币是以"对"（货币对）的形式进行交易的。比如，欧元对美元就是 EUR/USD，欧元为基准货币，美元为报价货币。

掌握货币对之后，我们在外汇交易中就要选择合适的、可以获利的货币对进行投资交易。一般来讲，如果基准货币相对于报价货币会有升值的空间，那么可以买进该货币对；如果基准货币相对于报价货币会贬值，那么可以卖出该货币对。

国际外汇市场上有几十种货币对可供交易者进行投资选择，但是交易量最大的货币对只有几种，它们被称为主要货币对。主要货币对中的每一种货币对都是主要货币对。这些主要货币对的活跃度、流动性非常强，大部分外汇市场的交易都由这些主要货币对构成，如 EUR/USD、USD/JPY、GBP/USD 等。

有一些进行交叉盘交易的交叉货币对也在外汇市场上表现出了极高的活跃度，如 EUR/JPY、EUR/GBP、EUR/CHF 等。

据纽约联邦储备银行 2018 年 7 月公布的半年度调查数据显示，在 2018 年上半年的国际外汇市场上，主要货币对在交易量方面的占比依次是：美元 84.9%、欧元 39.1%、日元 19%、英镑 12.9%、澳元 7.6%、瑞士法郎

6.4%。美元依然是全球外汇市场中交易量最大的货币。

　　主要货币对中排名前七的依次为 EUR/USD、USD/JPY、GBP/USD、AUD/USD、NZD/USD、USD/CAD、USD/CHF，共计占交易总量的 85%。交叉货币对排名前五的依次为 EUR/JPY、EUR/GBP、EUR/CHF、GBP/JPY、GBP/CHF。

　　就我国的人民币而言，近些年 USD/CNY 的交易开始频繁；而一些货币，如泰铢（THB）、南非兰特（ZAR）等的交易量就很少。因此，对刚步入外汇市场的交易者来说，在选择外汇交易对象的时候，要利用关键信息，把排在前列的主要货币对作为目标；刚开始最好进行小量的试水，尽量避免一次性投入较大的数额，否则会造成不可预测的损失。

看懂涨跌行情，适时买入卖出

在外汇市场上，我们经常会听到两个词：做多、做空。通常，这两个词出现的时候，往往意味着外汇市场上某种交易行为的发生。那么，做多、做空究竟是什么意思呢？

做多，是指买入某种货币，是在该货币看涨的行情下采取的行动。

做空，是指卖出某种货币，是在该货币看跌的行情下采取的行动。

可以这么说，做多就是买入，做空就是卖出。比如，当交易者预期欧元相对美元会升值的时候，就做多 EUR/USD，也就是说，趁低价的机会买入 EUR，卖出高价的 USD，来赚取差价收益；如果预期欧元相对于美元会贬值，那么交易者就会做相反的交易，也就是做空，即趁高价卖出 EUR，买入低价的 USD，来赚取差价收益。

在外汇市场进行货币交易的时候，总是在做多一种货币的同时做空另一种货币。

外汇市场也遵循着"低价买入，高价卖出"或"高价卖出，低价补进"的盈利原理，因此，交易者无论做多还是做空，都有机会在市场上盈利。

交易者在做多或者做空某种货币的时候，交易量会用"手"来表示。"手"是外汇市场上买卖货币对的标准化交易单位。前文在计算外汇盈亏时已经用到了"手"，这里会对"手"进行更细致的描述。

根据交易规模的大小，手可以分为三种类型，如图 2-1 所示。

图 2-1 手的类型

手越大，交易者的交易量就越大，即交易者的交易规模越大，但是这也会让交易者承担更大的交易风险。所以，交易者进行外汇交易的时候，选择与自己账户的资金规模相适应的手进行交易是比较合理的，这样也会让交易者的保证金数额保持在一个稳定的范围内，避免收到追加交易保证金的通知。

关注价格落差点数，及时采取交易行动

在计算外汇盈亏的内容中，我们已经初步接触了点差和基点价值的内容。现在，我们将对点差以及与点差相关的内容——基点、基点价值来做一个更具体的介绍，以便交易者能够时时关注这些数值的变化，及时采取交易行动。

1. 基点的介绍

基点，简称"点"，是主要货币小数点后第四位的最小价格变动。一般来讲，1 个基点就是 0.0001（0.01% 或万分之一）。通俗来讲，基点就是一种货币相对于另一种货币的汇率的小数点之后第四位的变化。比如，GBP/USD 货币对的价格一天之内从 1.5361 变化到 1.5365，在这个过程中，汇率的变化值为 0.0004，即该货币对变化了 4 个基点。

当然，也有比较特殊的情况，像含有日元的货币对，1 个点就是 0.01，也就是基点表示小数点后两位的价格变动。

2. 点差的介绍

点差，指的是货币对的买价与卖价之间的点数差。比如，GBP/USD 的买价为 1.6342，卖价为 1.6347，则买卖价格之间的差额为 5 个基点。

一般情况下，外汇市场中的主要货币对的点差通常在 2 ~ 5 个基点之间。

这里需要注意的是，所有外汇在报价的时候都包含两个价格：买价和卖价。而且买价会低一些，卖价会高一些。买价是经纪商买进基准货币的价格，卖价是经纪商卖出基准货币的价格。这里的买入和卖出都是从报价方的角度来讲的，而对交易者来说，正好是相反的。

所以，对外汇市场的普通交易者来说，买进一种货币价格，事实上就是报价方的卖价，卖出一种货币价格就是报价方的买价。这样看来似乎交易者不会赚取收益，但事实并非如此。当交易者对某一货币的预期是看涨的时候，虽然是按报价方较高的卖价买进了货币，但是等该货币的价格涨到一定高度后，报价方的买价也会升高，这时交易者就可以用报价方较高的买价卖出自己手中持有的该货币了。

总之，交易者手中持有的外汇，可以根据市场行情和经纪商的报价进行灵活的买卖活动。

3. 基点价值的介绍

基点价值，又称为"点值"。点值是指货币对的价格每波动一个点时交易者的盈亏情况。点值是计算投资盈亏的基础。在外汇交易中，一般以世界上流通最广的美元作为单位。

计算点值需要用到点值计算公式：

$$点值 = 手的规模 \times 手的数量 \times 跳动基点的数量$$

用点值计算公式计算出的结果是以报价货币表示的。当报价货币是美元的时候，需要根据报价货币与美元之间的汇率进行折算，最终以美元表示计算结果。

比如，交易 1 标准手的 GBP/USD 货币对时，点值就是：$100\,000 \times 1 \times 0.0001 = 10$

（美元）。

当遇到的货币对不是以美元报价时，比如，交易 1 标准手 USD/CHF 货币对时，点值就是：100 000×1×0.0001=10（瑞士法郎）。假设 USD/CHF 的当期汇率为 0.9381，则将 10 瑞士法郎折算成美元为：10÷0.9381=10.66（美元）。

当遇到包含日元的货币对时，比如，交易 1 标准手的 USD/JPY 货币对，点值就是：100 000×1×0.01=1000（日元）。假设 USD/JPY 当期的汇率为 120.52，则将 1000 日元折算成美元为：1000÷120.52=8.30（美元）。

关于基点价值的计算问题，交易者不必担心，因为交易平台一般都有基点计算器，以方便交易者精准计算。但是，交易者若能记住一些外汇交易中常用的数值的话，那么就会给交易过程带来很大便利，如图 2-2 所示。

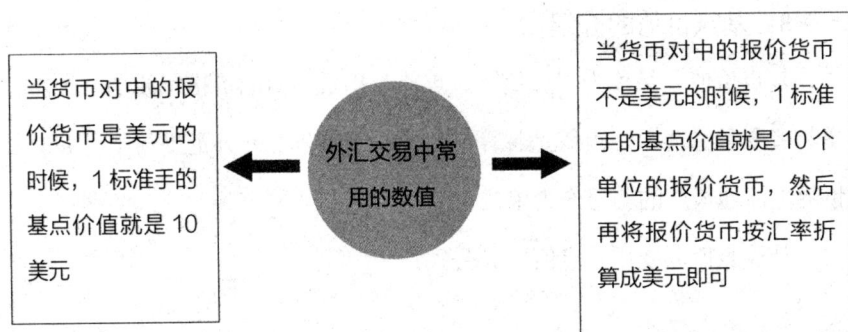

图 2-2　外汇交易中常用的数值

掌握可以对冲损失的对策，降低交易风险

在外汇交易的过程中，为了降低交易风险，交易者会采取很多策略。比如，外汇市场上的一位交易者买进了 1 标准手的 GBP/USD，同时又卖出了 1 标准手的 GBP/USD，对交易者的这种买卖行为，有一个专业的名词，叫作"对冲"。

对冲，指的是同时对同一货币对做多或做空。

当交易者采取对冲行动的时候，货币对价格的上涨、下跌或盘整，都不会对其产生较大影响。

对提供对冲行为的交易商来说，对冲会建立两个反向的头寸，而且这两个反向头寸还会被当作敞口头寸①。但是在交易者的不断对冲过程中，这两个反向头寸会相互作用，逐渐抵销彼此带来的损失或者收益，从而使交易者处于一种收益和损失持平的状态。

外汇交易市场是一个双向交易市场，买涨或买跌都是交易者自己的选择，这种选择是基于一定的预测分析做出的。准确地预测货币价格波动，然后采取行动是实现收益的关键。当然，为了减少交易过程中的损失和降低交易风险，熟练地应用对冲就是一种可靠的选择。

---

① 敞口头寸：由于没有及时抵补导致某种货币买入过多或某种货币卖出过多的情形。

选择优质的经纪商和平台

投资者在开立外汇交易账户之前，还需要做一些与开立账户有关的准备工作。那么，这些准备工作都包括哪些呢？首先，投资者需要为自己选择一个优质的经纪商，在经纪商的带领下，才可以进行外汇交易；其次，投资者还需要熟知外汇交易平台，这样才能让外汇交易变得更轻松。

1. 选择优质的外汇经纪商

外汇市场上有很多外汇经纪商，而且这些经纪商来自世界的各个国家与地区。虽然这些经纪商的工作看似没有太大的区别，但对初入外汇市场的投资者来说，选对外汇经纪商却很重要，具体要注意以下两个方面。

（1）了解不同经纪商的监管制度。外汇经纪商一般都是在相应的管理机构（如我国的证券业监督管理委员会、证券业协会）注册产生的，并受这些机构的监管。投资者在选择某一家外汇经纪商的时候，需要查看该经纪商的注册信息是否真实有效，是否有专门的监管机构对其进行监管。这里对世界上一些国家或地区的外汇经纪商制度做下简单介绍，以让投资者更好、更快地了解各国或地区的外汇经纪商制度，具体如表2-2所示。

表 2-2　部分国家或地区的外汇经纪商制度

国家或地区	经纪商制度
美国	在美国，外汇经纪商都是经美国期货交易委员会注册认可，同时成为美国期货协会的会员后才可以利用经纪商的身份进行外汇交易。并且，美国的经纪商还受该机构的监管，以防欺诈、操控等违法行为的出现
英国	英国的外汇经纪商监管机构是英国政府设立的英国金融服务管理局，由政府制定经纪商的行业行为规范及权限
中国香港	中国香港的外汇经纪商监管机构是证券期货委员会，是由中国政府设置的管理机构，对经纪商有明确的职责规范说明。它将外汇保证金业务明确地列入了规范的范畴，对外汇经纪商的资本金等都有明确的条款规定
澳大利亚	澳大利亚的外汇经纪商由澳大利亚的证券和投资委员会进行监管，该机构对投资者的保护服务标准较高。从事外汇教学或网络授课的人和机构，都要取得证券和投资委员会的牌照才可以运行
加拿大	加拿大的外汇经纪商由几个省份的证监会分别管理，它们要求进行外汇交易培训或者经营外汇业务的机构和公司必须在当地注册，并对外汇保证金持有非常谨慎的态度
日本	日本的金融监管当局全面负责金融市场的监管工作，实行统一的监管制度，颁布了有关外汇买卖的法律，要求进行外汇买卖的机构进行注册，并对机构或公司的资本金及人员的经验等做了相关的规定

（2）了解经纪商的服务与政策是否能够满足投资者的需求。在选择经纪商的时候，还需要对经纪商的服务和政策进行了解，如看看交易费用的比例是多少，保证金的要求有多高，最小交易规模是多大等有关交易过程的事项，具体如表 2-3 所示。

表2-3　选择外汇经纪商时的注意事项及具体内容

注意事项	具体内容
交易费用	交易费用按点差计算，经纪商会在每笔交易上收取一定的费用。若经纪商收取的每笔交易的点差越小，则投资者的利润就越大，亏损就越小；反之亏损越大。各个经纪商的点差一般都不相同，因此投资者需要综合多方面的因素选择经纪商，不能只以较低的点差为标准
保证金要求	保证金要求越低，投资者的杠杆就越大，其潜在的利润或亏损也会更大。各个交易商对保证金的要求相差较大
最小交易规模	交易规模是指每次交易的手数。一般经纪商会有一个最小交易手数的要求。除了标准手、迷你手和微型手之外，还有一些经纪商自己提供的不完整的手，称为"零手"。在我国，主要以标准手和迷你手为主
保证金账户利息	大多数经纪商会给投资者的保证金账户支付利息，利息水平与国家间的利率差异同步波动。如果投资者长时间不做外汇交易，那么其账户里的资金就会获得利息收入，但这是经纪商不愿意看到的，因此大多数经纪商不允许投资者获得利息收入，除非投资者的保证金要求在 2% 以上
订单执行速度	投资者选择经纪商时，要避免选那些当投资者单击价格时重新报价的经纪商，以及那些允许成交价滑落的经纪商。投资者选择的经纪商要能够在投资者选择的价格上迅速成交，即投资者看到的价格和成交价格一致

2. 熟知外汇交易平台

进行外汇交易需要外汇交易软件，它是投资者进行外汇交易的平台。外汇交易平台汇率报价更新及时、账户清单清晰明了、交易软件操作简单等，都是考察交易平台性能的要素。交易者要选择可靠的交易平台进行外汇交易。本书将会在第七章对外汇交易模拟软件的使用进行介绍。值得提醒的是，投资者在开立真实的交易账户之前，最好开立一个虚拟的账户来模拟外汇买卖，从而熟悉外汇交易平台的各项操作。

熟知外汇交易账户开立的相关细节

选择了外汇交易账户开立的经纪商与平台之后，投资者就需要学习外汇交易账户的开立了。这是外汇投资者在进入外汇交易实战之前需要掌握的重要环节。掌握了这一环节中涉及的相关细节，投资者就可以顺利地申请到自己的外汇交易账户，为外汇交易做好准备。

1. 两大外汇交易开户方式

在开立外汇交易账户的时候，投资者可以根据自己的风险承受能力和资金规模的大小来选择外汇实盘交易[①]开户和外汇保证金交易开户。

（1）外汇实盘交易开户，一般在银行进行。实盘交易的特点是风险和收益都较小，交易费用稍高，一般为 10 ~ 30 个点，年收益率一般为 5% ~ 10%。

（2）外汇保证金交易开户，指的是通过国内的外汇经纪商或直接到国外的投资公司网站上申请开户。保证金交易根据交易数额大小的不同会有不同的收益，但是风险相对较高，一般点差在 3 ~ 10 个点。

2. 实盘交易开户银行的选择

投资者选择从事外汇交易的开户银行时，需要关注以下有关银行方面

---

① 外汇实盘交易：指在外汇交易中，交易者接受报价人提出的内容完整、明确和肯定的交易条件，接受报价人的约束，并与其订立交易合同进行外汇交易的方式。这是我国境内外汇交易的唯一方式，主要发生在银行与投资者之间，银行给出外汇的买卖价格，投资者如果接受的话，就与其订立交易合同进行外汇交易。

的内容。

（1）关注银行外汇买卖的价格高低。开办个人外汇买卖业务的银行机构均是以国际金融市场价作为中间价，以此作为参考进行外汇的低买高卖，从而赚取差价。所以，银行的外汇买卖价格高低是投资者选择开户行的条件之一。

（2）关注银行的外汇业务服务能力。如果银行可以提供较多种类的外汇，那么投资者的选择空间就会变大，盈利和降低风险的机会就会随之增多。当然，银行的营业时间越长，投资者在每日 22 ～ 23 个小时的汇市就能有更多的交易机会。

（3）关注银行信息网络的科技水平。汇市行情信息变化迅速，开户银行能否有与国际外汇市场信息相联通的信息网络技术是非常关键的。若开户银行能与国际外汇市场同步更新汇市的行情信息，交易者就能抓住最新的信息进行相关的外汇活动。此外，投资者还需要关注开户银行的电话线路是否畅通，以便利用电话委托的方式进行相关的外汇交易。

（4）关注银行的便利程度。一些银行会开设"外汇买卖预留订单"业务，投资者只需要给银行提供一个期待成交的心理价位，当汇率变化到此位置的时候，银行就会自动进行交易兑现，这样就不需要投资者时时紧盯汇率变动了。

3. 保证金交易开户须知与技巧

一般来讲，在进行保证金交易开户的时候，投资者要准备一份交易商的开户申请表。

开户申请表主要包括五个方面的内容，如图 2-3 所示。

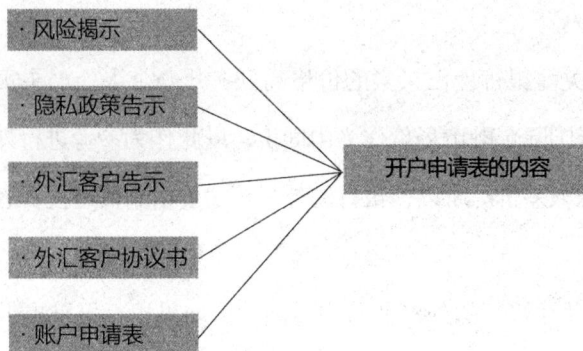

图 2-3　开户申请表的内容

通常，开户申请表主要包括下面的一些信息。

（1）账户基本信息。其包括账户类型（个人账户、联合账户、公司账户等）、电子邮件地址、账户安全问题、账户所有者个人信息、住址、合约杠杆、投资经验和受教育经历等。

（2）工作情况与财务信息。其主要指账户持有人当前的就业情况和财务信息。

（3）联名开户人的个人信息与公司开户信息。对大部分个人投资者来说，这部分是不需要填写的。

（4）签署部分。开户人在签署页签字就意味着开户人同意了该文件的签署，也意味着开户人已确认自己签署的信息完整和准确。

除了填写以上开户申请表中的相关内容之外，开户人还需要提供政府颁发的身份证明文件和地址证明文件。

其实，填写开户申请表只是外汇交易开户流程中的第一步，一般的开户流程如图 2-4 所示。

在线填写开户申请表

提供身份证（或护照）和亲笔签名的扫描件发送至相应交易商的邮箱

交易商会在1～2个工作日内审核投资者的开户申请

交易商将交易账号发送至投资者的邮箱

投资者向账户内注入资金

投资者开始外汇交易

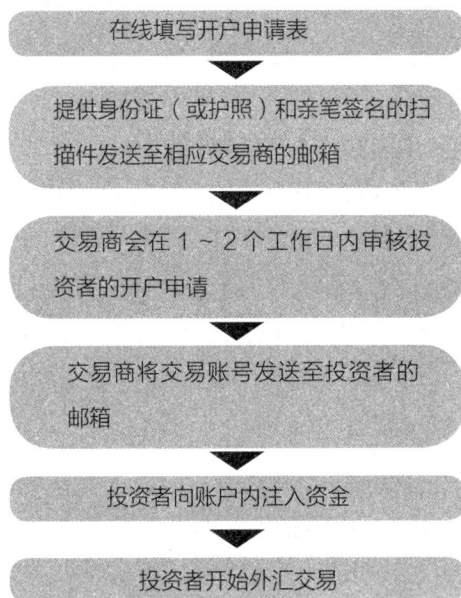

图2-4　开户流程

投资者可以在交易账户中注入资金，也可以申请提取账户中的资金，这就需要投资者填写提款申请表的内容，具体如表2-4所示。

表2-4　提款申请表的填写内容

填写项目	具体内容
账户号码	提款人的外汇交易账户
登录名	提款人登录交易平台的用户名
客户信息	提款人的姓名（用英文或者拼音填写）
取款金额	想要提取的金额数，一般以美元为单位
客户信息	提款人的地址、国家等信息
接收银行	接收国外外汇交易商汇款的国内银行信息

续表

填写项目	具体内容
中转银行	国内银行接收国外汇款都需要填写此项。如果外汇交易商的资金存款银行与国内银行没有直接的资金往来，投资者可以指定一家中转银行；如果不指定，国外银行会自动寻找中转银行
提款方式	分支票和电汇两种方式。选择支票方式时，需要提款人拿着支票到银行进行兑现，且邮寄支票的时间较长，支票兑现需要较长的时间，但是费用相对较低；选择电汇方式只需要 1～3 个工作日，手续费在 0～30 美元之间
是否撤销账户	如果需要撤销账户，则选择"是"，外汇交易商将关闭所有未平仓的仓位；如果不需要，则选择"否"，表示提款后继续交易，需要投资者在账户中至少预留50美元的资金
客户签名	提款人签名

$ 延伸阅读：外汇市场的那些事

随着国际贸易的大规模发展，国际汇兑变得越来越频繁，因此为了避免在贸易中因汇率变动而产生较大的损失，人们对汇率的关注日益增长。在关注汇率的过程中，人们发现有效利用汇率波动差价可以获得巨大的投机收益。于是，逐渐形成了专注于汇率变动的外汇市场。

在国际外汇市场发展的过程中，出现了一些重要的市场，如英国伦敦外汇市场、美国纽约外汇市场、日本东京外汇市场、中国香港外汇市场等。

英国伦敦外汇市场是一个典型的无形市场，没有固定的交易场所，投资者通过电话、传真、电报等方式完成外汇交易。在伦敦外汇市场上，参与外汇交易的银行机构有600多家，既包括本国的清算银行、商人银行、其他商业银行，也包括一些外国银行。这些银行积极参与伦敦外汇市场的组建及发展，并成立了伦敦外汇银行公会，负责制定参加外汇市场交易的规则和收费标准。

美国纽约外汇市场也是国际外汇市场的重要成员之一，其日交易量仅次于伦敦外汇市场。纽约外汇市场同样是一个无形市场，利用现代化信息网络及计算机技术进行外汇交易。这里的货币结算最终都会通过纽约地区的银行同业结算系统和联邦储备银行支付系统进行。美国没有外汇管制，对外汇经营业务也没有限制，没有政府专门指定的外汇银行，所有的美国银行和金融机构都可以经营外汇业务。目前，纽约外汇市场的主要参与者是美国联邦储备系统的成员银行、外国银行在纽约的分支机构、外国建立的代理行与代表处，以及一些外汇经纪商，如中国银行纽约分行等。

日本东京外汇市场，从 20 世纪 70 年代起开始快速发展，经营业务逐渐多样化。就目前来说，东京外汇市场还是一个地区性的外汇市场，这是因为日本是个出口贸易占国民经济比重较高的国家。为了防止外汇波动对国民经济产生影响，日本政府采取了一定的干预措施，即对外汇市场进行平衡管理。同时，由于日本外汇的地位较低，东京外汇市场进行交易的货币种类比较单一，目前世界上最大宗的交易主要发生在日元与美元的相互转换买卖中。

我国外汇市场的发展，与我国的经济体制改革的深化和对外开放水平的提高分不开。1985 年底，深圳特区成立了我国第一个外汇调剂中心，正式开办留成外汇调剂业务。1994 年，我国建立了银行间外汇市场——中国外汇交易中心，这使得我国的外汇市场逐渐成熟起来。2005 年，中国人民银行发布了关于完善人民币汇率形成机制改革的相关事宜公告，我国开始实行以市场供求为依据，参照"一篮子"货币进行调节、管理的浮动汇率制度。

我国外汇市场的交易主要由银行与银行之间、银行与客户之间的外汇交易构成，这就使得我国外汇市场的参与者变得明确起来，主要包括一些由中央银行指定或授权经营外汇业务的外汇银行(中国银行、中国建设银行、中国工商银行和中国农业银行等）、与外汇银行有着外汇交易关系的公司与个人、对外汇市场进行干预的中央银行，以及外汇经纪人或经纪商。

第三章　选对交易方式，让外汇交易事半功倍

保证金交易，利用杠杆效应博收益

想要快速实现投资收益，即期外汇交易是首选

汇率变动是必然，长远投资是机会

可靠的交易合约，避开风险实现获利

未来的买卖权，抓住就是获利的好机会

延伸阅读：外汇交易中的那些小知识

保证金交易，利用杠杆效应博收益

外汇有多种交易方式，保证金交易就是其中的一种。外汇保证金交易诞生于 20 世纪 80 年代的伦敦，是指投资者利用银行或经纪商的信托[①]进行的外汇交易。

1. 外汇保证金交易的介绍

外汇保证金交易，是指通过与银行或指定的投资银行签约，开立信托投资账户，存入一笔资金（保证金）作为担保，由投资银行或经济行设定信用操作额度（20 ～ 200 倍的杠杆效应）。投资者在信用操作额度内自由买卖同等价值的即期外汇，而操作产生的损益自动从投资者的信托账户中扣除或存入。外汇保证金交易的存在，可以让小额投资者利用较少的资金获得较大的交易操作额度。外汇保证金交易使得小额投资者同样拥有了使用外汇进行交易避险的能力，并在汇率变动中获得投机收益。

2. 外汇保证金交易的原理

外汇保证金交易是使用银行或经纪商的信用委托进行的交易，这种信用委托下的保证金交易其实就是一种杠杆的利用。在进行外汇保证金交易

---

① 信托：就是信用委托，是一种以信用为基础的法律行为。委托人与受托人之间依据信用基础签订书面的法律文件，委托人将自己的财产等转移给受托人，受托人按规定的条件和范围，占有、管理、使用信托财产，并处理其收益。

的过程中，投资者只需要支付小额的保证金，就可以进行百分之百额度的外汇交易。

也就是说，保证金交易就是杠杆交易，投资者只要缴纳小额的保证金，就可以完全参与到外汇交易市场中，充分利用保证金的杠杆实现以小博大。

3. 外汇保证金交易的特点

外汇保证金交易的特点主要表现在三个方面，如图 3-1 所示。

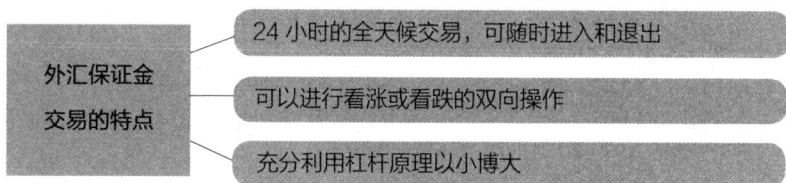

图 3-1　外汇保证金交易的特点

4. 外汇保证金交易与外汇实盘交易

外汇保证金交易有着非常大的杠杆，能让交易者充分利用杠杆在外汇市场上获取利益。但是，外汇市场还存在一种与保证金交易正好完全相反的外汇交易形式——外汇实盘交易。

外汇实盘交易是指个人通过委托银行，参照国际外汇市场的实时汇率，把一种外币兑换成另一种外币的交易行为。在进行实盘交易的时候，投资者必须持有足够数额的待卖出的外币。也就是说，当投资者手中持有外汇的时候，在银行办理开户手续，存入外汇，即可通过互联网、电话或柜台进行实盘交易。

外汇保证金交易与外汇实盘交易差别较大，这里对它们的差异做一个汇总，如表 3-1 所示。

表 3-1　外汇实盘交易和外汇保证金交易的比较

类型	外汇实盘交易	外汇保证金交易
开户	国内银行	海外外汇交易商或其在中国的代理
资金托管	国内银行	海外外汇交易商指定的银行机构或该交易商在中国的代理
最低开户额	300 美元	有些交易商 50 美元即可
点差	直盘 30 个点左右，交叉盘 60 个点	直盘 3 ~ 5 个点，交叉盘 7 ~ 10 个点
交易方向	只能在美元贬值的时候交易，美元升值的时候无法交易	双向交易，美元贬值或升值均可进行交易，又称做多、做空
杠杆	1 ： 1	标准手为 1 ：（25 ~ 50），迷你手为 1 ：（100 ~ 250）
收益	若 1 万美元本金，盈利 1 个点为 1 美元	标准账户盈利 1 个点为 10 美元，实际动用资金为 2000 ~ 5000 美元；迷你账户盈利 1 个点为 1 美元左右，实际动用资金 50 ~ 100 美元
风险	没有实质上的风险，因为进行的是钱与钱的交换，即使发生损失也不会最后一文不值；货币的波动有规律性，即使一时被套，只要耐心等待机会，还会重新获利	由于 1 个点的价值较大，为 1 ~ 10 美元，所以行情判断失误会带来巨大的损失，再加上交易所强制平仓原则的存在，交易者很少有等待行情回转的机会
监管	受中国人民银行监管	不受国内法律监管，受海外交易商本土法律监管

想要快速实现投资收益，即期外汇交易是首选

即期外汇交易，就是在短期内办理相关交割手续的外汇交易业务，它在国际外汇市场上最常见，是国际外汇市场上最普遍的一种外汇交易方式。学习即期外汇交易业务，是进军外汇交易市场的必修课。

1. 即期外汇交易概述

即期外汇交易，又称现汇交易，是指外汇买卖双方按照外汇市场上现行的价格成交后，能够在两个营业日内办理相关交割手续的外汇交易。进行即期外汇买卖的汇率就是即期汇率。

比如，某公司要在第二天归还 200 万美元的贷款，但是该公司的账户里只有欧元，那么该公司就可以在当天按 EUR/USD=1.3224 的即期汇率在中国银行购入 200 万美元，同时卖出欧元，第二天该公司只要将 151.24 欧元支付给中国银行，中国银行就会将 200 万美元支付给该公司，该公司就可以拿着这 200 万美元进行还款了。

即期外汇交易的存在，能够满足客户临时性支付的需要，帮助客户调整手中外币的币种结构，这也是一个非常重要的外汇投资工具。

我们把即期外汇买卖双方履行合约、进行钱货两清的行为叫作交割。而进行交割结算的日期一般称为交割日。即期交易的交割日，因交易市场和交易币种的不同分为三类，如图 3-2 所示。

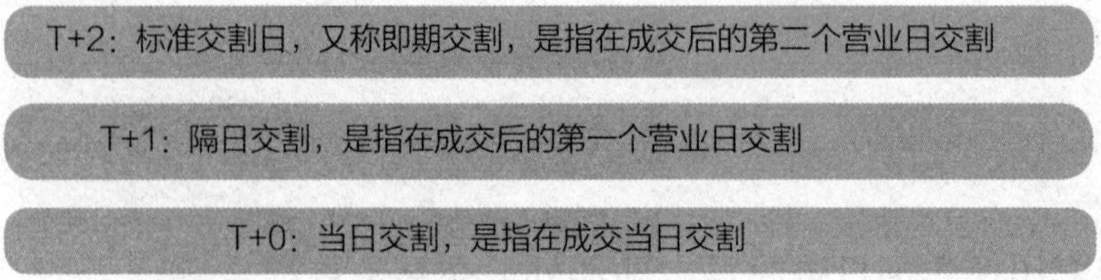

T+2: 标准交割日，又称即期交割，是指在成交后的第二个营业日交割

T+1: 隔日交割，是指在成交后的第一个营业日交割

T+0: 当日交割，是指在成交当日交割

图 3-2 交割结算日期的分类

需要指出的是，这里的营业日是指在实际进行交割的双方国家的银行都营业的日期，如果遇到某一国的银行假日，则交割日顺延。但是关于美元对其他货币的交易问题，按照国际惯例，如遇美国银行假日，则交割日不必顺延。

2. 即期外汇交易怎么做

在即期外汇市场上，做即期外汇交易的银行会参考市场行情、报价现时的外汇头寸、国际政治经济及军事最新动态、询价者的交易意图等要素进行即期外汇交易的报价。而且一般的报价惯例是，当客户向银行询价的时候，银行立即向客户报出该外汇的即期汇率。一般情况下，在外汇市场上交易的货币都是以美元为报价标准的。而且为了在实际操作中节省时间，外汇交易员报价时只报出汇率的最后两位。例如，有人询问美元兑人民币的汇率时，银行在即期汇率 6.4667/6.4669 的基础上，只报出了 67/69。银行的报价通常是双向报价，即银行会同时报出买入价和卖出价，这样就会产生点差。在进行交易的时候，通常是以 100 万美元为单位，即一手就是100 万美元，实际的交易额会是 100 万美元的整数倍。

即期外汇交易为了抓住迅速变化的外汇汇率，在进行交易操作的时候都会用非常简洁的语言（行话）来达成交易。表 3-2 中所列术语就是即期外汇交易中经常用到的。

表 3-2　即期外汇交易中常用的英语术语

英语术语	含义
buy、take、bid	买进
mine	我方买进
sell、offer	卖出
I sell you five USD	我卖给你 500 万美元
yours	我方卖出
market meker	报价行
value	起息日
odd date、broken date	不规则起息日
dealing price	交易汇价
indication rate	参考汇价

接着，我们来了解一下即期外汇交易的操作流程。

（1）自报家门：询价方先说明自己的身份，让报价行了解自己。

（2）询价：询问交易货币的价格、金额、交易期限。

（3）成交：询价方在接收报价之后迅速做出成交或放弃的反应。

（4）证实：交易双方就交易内容进行确认，以防错漏和误解。

（5）交割：双方结算各自的款项，了结债券、债务关系。

3. 即期外汇交易实例展示

这里我们从询价方和报价方的角度对即期外汇交易的操作做一个展示。

询价方：请问即期美元兑日元报什么价？

报价方：USD/JPY=104.25/30。

询价方：我卖给你 100 万美元（或者我买入 100 万美元）。

报价方：成交。

4. 即期外汇交易中的计算

（1）即期价差汇率的计算。若在两组报价汇率中，基准货币相同，报价货币不同，求报价货币的比价时，则交叉相除。

例如：USD/CNY=6.2760/75 ①；USD/HKD=7.7860/70 ②。求 HKD/CNY。

计算过程为：

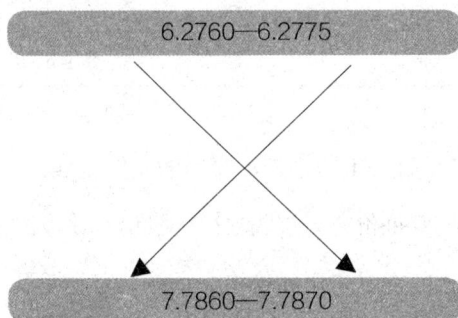

HKD/CNY= ① / ② =（6.2760÷7.7870）/（6.2775÷7.7860）= 0.8060/63

若在两组报价汇率中，报价货币相同，基准货币不同，求基准货币时，则交叉相除。

例如：EUR/USD=1.1020/40 ①；AUD/USD=0.6240/50 ②。求 EUR/AUD。

计算过程为：

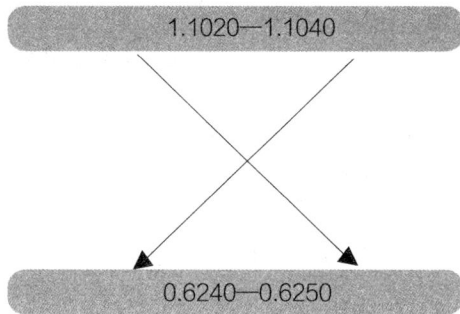

1.1020—1.1040

0.6240—0.6250

EUR／AUD= ① / ② =（1.1020÷0.6250）/（1.1040÷0.6240）= 1.7632／92

若在两组报价汇率中，某种货币分别为基准货币和标价货币，求另一基准货币和标价货币的比价，则同边相乘。

例如：EUR/USD=1.1020/40 ①；USD/CNY=6.2760/75 ②。求 EUR/CNY。

计算过程为：

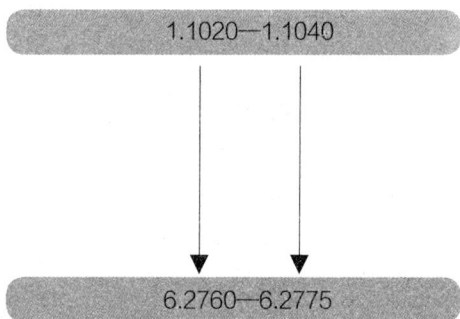

1.1020—1.1040

6.2760—6.2775

EUR／CNY= ① / ② =（1.1020×6.2760）/（1.1040×6.2775）= 6.9162／6.9304

（2）即期外汇交易的盈亏计算。在对即期外汇的盈亏进行计算的时候，需要先掌握以下几个术语。

买入量 > 卖出量：超买、多头寸、多头。

卖出量 > 买入量：超卖、缺头寸、空头。

例如，假设某日某客户做了以下几笔美元兑日元的即期外汇交易：

买入美元 100 万，汇率为 100.00。

买入美元 200 万，汇率为 100.10。

卖出美元 200 万，汇率为 98.80。

卖出美元 100 万，汇率为 99.90。

买入美元 100 万，汇率为 99.60。

收盘汇率为 99.20/30。该客户在收盘时的头寸，如表 3-3 所示。

表 3-3　某客户收盘时的头寸（单位：万元）

美元		汇率	日元	
买入	卖出		买入	卖出
100	—	100.00	—	10 000
200	—	100.10	—	20 020
—	200	98.80	19 760	—
—	100	99.90	9990	—
100	—	99.60	—	9960
当日累计 400	当日累计 300	收盘汇率 99.20/30	当日累计 29 750	当日累计 39 980
多头寸 100			缺头寸 10 230	

　　表3-3中展示了该客户交易日结束时的头寸状况。

　　若把超卖的100万美元换成日元，则为100×99.20=9920（万日元）。以日元计算，则亏损10 230-9920=310（万日元）。

　　若把超卖的日元补进，则需要10 230÷99.20=103.125（万美元）。以美元计算，则亏损103.125-100=3.125（万美元）。

汇率变动是必然，长远投资是机会

在外汇交易市场上，除了即期外汇交易之外，还存在远期外汇交易。与即期外汇交易相对应，远期外汇交易就是在未来进行交割。远期外汇交易也是外汇市场中的一种避险方法。

1. 远期外汇交易概述

远期外汇交易，又称期汇交易，是指外汇的买卖双方先行签订合同，规定外汇买卖的比重、数额、汇率及将来的交割日期，到规定的交割日，按合同约定，卖方交汇，买方收汇。

远期外汇交易的期限最短可以为3天。常见的期限是1个月、2个月、3个月和6个月等整月，期限超过1年的叫作超远期外汇交易。

远期外汇交易的交割日有固定交割日和非固定交割日之分，具体如表3-4所示。

表 3-4　远期外汇交易的交割日

交割日	含义	注意事项
固定交割日	即标准期限的远期外汇交割日，在即期交割日的基础上推算整数日	在对应即期交割日的基础上向后推算
		假日顺延
		如果即期交割日为月份的最后营业日，则远期交割日是到期月的最后一日，非营业日则向前推算

续表

交割日	含义	注意事项
非固定交割日	即在约定的期限内任意选择一个营业日作为交割日，择期进行外汇交易	部分择期，是指确定交割月份，但未确定交割日
		完全择期，即客户可以选择从双方成交的第三天起到合约到期之前的任何一天交割

2. 远期外汇交易的报价

远期外汇交易的操作流程与即期外汇交易的操作流程类似，但在外汇报价这一环节存在一些区别。

就远期外汇交易的报价而言，银行采取的依然是双向报价方法。按照国际标准，一般有两种远期汇率的报价方法：完整汇率报价方法和远期差价报价方法，具体如表 3-5 所示。

表 3-5 远期汇率报价方法

报价方法	具体内容	
完整汇率报价方法	银行直接将各种不同期限的外汇汇率的买入价和卖出价完整地表示出来，又称全额报价。通常用于银行对客户的报价中	
远期差价报价方法	不直接公布远期汇率，只报出远期汇率与即期汇率的差价，然后根据差价来计算远期汇率。因此远期差价报价方法又称掉期率报价方法或点数率报价方法，通常表现为升水、贴水和平价，升水、贴水的幅度一般用点数表示	升水：远期汇率＞即期汇率
		贴水：远期汇率＜即期汇率
		平价：远期汇率＝即期汇率

3. 远期汇率的确定

在做远期外汇交易的时候，远期汇率的确定是一个重要的步骤。关于远期汇率的确定与计算，我们将以实例的形式来展示。

例如，美元和日元 3 个月的存款利率分别为 15% 和 10%，即期汇率为 USD1=JPY110.20。若美国的一个客户用美元从银行购买 3 个月的远期日元，那么远期汇率该如何确定？

首先，我们对这种情况做一个分析：客户需要远期日元，那么银行就得用即期汇率以美元买入日元存入银行，以备 3 个月后的交割。

银行持有日元 3 个月意味着银行要放弃美元的高利息而收取日元的低利息，这样银行就会有损失，但是银行不会自己承担这一部分损失，它会通过将这部分损失计入远期日元的汇价的方法转移到客户一边。因此，远期日元要比即期日元贵，即远期日元升水。

这里我们可以得到这样的结论：利率低的货币，远期汇率升水；利率高的货币，远期汇率贴水；若利率差为零，则为平价。

根据公式，远期差价 = 即期汇率 × 利差 × 月数 ÷12，计算出远期差价 =110.20×（15%−10%）×3÷12=1.38（日元），则远期汇率为 USD1=JPY（110.20−1.38）=JPY108.82。

4. 远期汇率的计算

（1）完整的远期汇率计算。若已知即期汇率和远期差价，一般使用该法则计算远期汇率：前小后大相加，前大后小相减。

例如，已知即期汇率 USD/HKD=7.7440/50，1 个月的远期报价为 20/30，则 USD/HKD 完整的远期汇率为：USD/HKD（远期）=（7.7440+0.0020）/（7.7450+0.0030）=7.7460/50。

（2）远期交叉汇率的计算。远期交叉汇率的计算与即期交叉汇率的计算方法类似，可参考即期交叉汇率的计算方法。

5. 远期外汇交易的作用

远期外汇交易在国际上很早就开始出现，而且是相当规范的外汇保值方式。所以，远期外汇交易的买卖一个重要作用就是套期保值。除此之外，远期外汇交易还具有投机性的作用，可以帮助投资者利用投机机会获得一定的收入，具体如表 3-6 所示。

表 3-6　远期外汇交易的作用

交易类别		具体内容
保值性远期外汇交易	进出口商和国际投资者的套期保值	在国际贸易和国际投资中，进出口商为了防止在合同签订和实际交割日期之间的汇率变动对自身不利，在签订合同的时候，为了避险会向银行买入或者卖出远期外汇
	外汇银行为了轧平外汇头寸而进行套期保值	银行进行的同种货币的同种期限的所有远期外汇交易不能买卖相抵的时候，就会产生外汇净头寸。为了避免这种现象造成的损失，银行会将多头抛出，空头补进，轧平各种期限的头寸
外汇投机性交易	买空交易	投机者预测某种汇率会上升，则先买（远期）后卖（即期/远期），轧就是先低价买进后高价卖出，赚取差价获利
	卖空交易	投机者预测某种外汇汇率将下降，则先卖（远期）后买（即期/远期），也就是先高价卖出再低价买进，赚取差价获利

可靠的交易合约，避开风险实现获利

外汇期货交易是利用可靠的期货合约来规避外汇交易风险，获得相应交易收益的外汇交易方式。浮动汇率的普遍存在使交易风险加剧，而外汇期货交易正好可以有效防范外汇交易中的汇率变动风险。

1. 外汇期货交易的概述

外汇期货交易，又称货币期货。外汇期货交易是指外汇期货交易的双方在外汇期货交易所买卖未来某一特定日期的标准化合约的交易。

外汇期货交易的目的是对汇率的变动进行套期保值。外汇期货操作的原理是：期货的价格是以现货的价格为基础确定的，它与现货价格进行同方向的变动，在将来为了消除外汇头寸的汇率风险，就可以在期货市场做反向交易，用从期货市场上得到的收益来弥补现货市场的损失。

某英国公司2个月后要支付一笔100万瑞士法郎的货款，该英国公司担心未来瑞士法郎升值会使自己支付的英镑增多，于是，该公司在期货市场上买入2个月的瑞士法郎期货合约。那么在将来，当瑞士法郎汇率上升的时候，该公司就可以在期货市场上以更高的价格卖出瑞士法郎的合约，来弥补自己在即期汇率变动中的损失。

外汇期货交易与远期外汇虽有相同的地方，但也有区别，具体如表3-7所示。

表 3-7 外汇期货交易与远期外汇的区别

不同点	具体内容	
	外汇期货交易	远期外汇
交易场所	有形的期货交易所	无形市场
交易货币的种类、期限	少数几种，标准化的交易期限	无币种限制，买卖双方自由决定交易期限
合约的价值	标准化的，即交易的货币种类和交易数量的标准化	没有严格的规定
标价方式、报价方式	标准化的表示方法	多数使用美元标价法
交易时间	交易所营业的时间	24 小时可进行交易
交易者的资格	交易所的会员，非会员需要通过会员经纪人交易	无资格限制，但有交易额限制
合约风险	一般不存在信用风险	可能产生信用风险
保证金	保证金是交易的基础	一般不收取保证金，大约为远期合同的 3% ~ 5%
现金流动时间	每日都有	交割时才会有现金流动
合约的流动性	强，实际交割的不到 2%，绝大多数提前对冲	差，90% 以上到期交割

2. 外汇期货市场中的参与者

外汇期货交易是标准化的交易方式，这种交易形式在外汇市场上按一定的规章制度有组织地买卖期货合同。也就是说，外汇期货市场井然有序的运行离不开各个参与者的配合协作。

外汇期货市场的参与者主要有外汇交易所及其内部的清算机构、清算会员和会员，以及交易所外部的经纪商、客户，如图3-3所示。

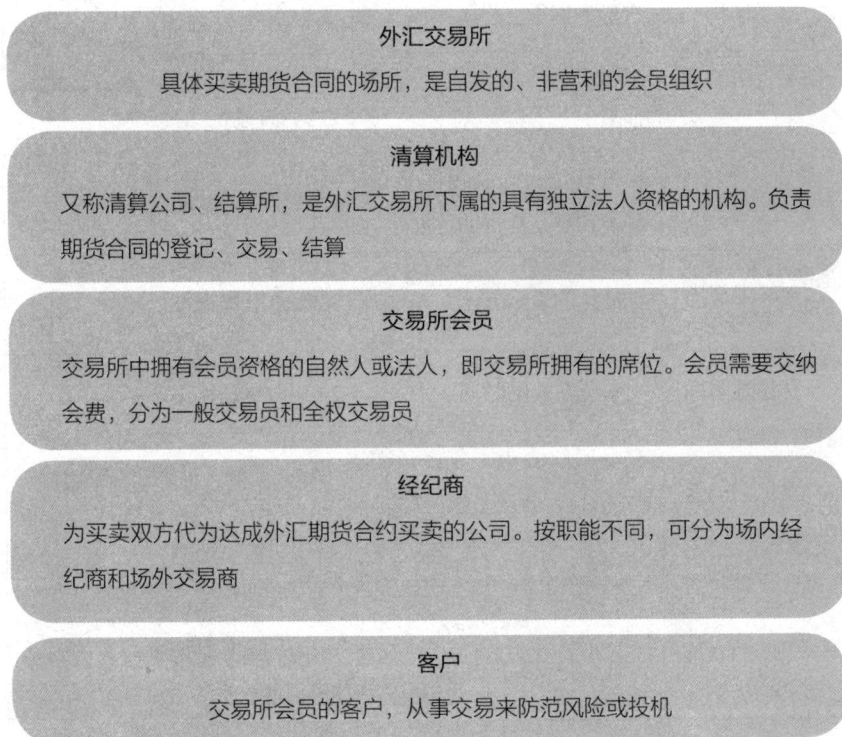

外汇交易所
具体买卖期货合同的场所，是自发的、非营利的会员组织

清算机构
又称清算公司、结算所，是外汇交易所下属的具有独立法人资格的机构。负责期货合同的登记、交易、结算

交易所会员
交易所中拥有会员资格的自然人或法人，即交易所拥有的席位。会员需要交纳会费，分为一般交易员和全权交易员

经纪商
为买卖双方代为达成外汇期货合约买卖的公司。按职能不同，可分为场内经纪商和场外交易商

客户
交易所会员的客户，从事交易来防范风险或投机

图 3-3 外汇期货市场中的参与者

3. 外汇期货市场的功能

外汇期货市场主要有三大功能——价格发现、风险转移和投机，如图3-4所示。

价格发现	外汇期货市场形成货币价格。货币价格反映买方与卖方对目前供求形势和价格的综合看法
风险转移	套期保值通过对外汇期权的买卖将汇率风险转移出去，达到避险的目的
投机	在目前或未来并无现货头寸的情况下进行外汇交易，从期货的价格变动中获得利润的行为

图 3-4　外汇期货市场的三大功能

4. 外汇期货交易的基本规则

（1）保证金制度。参加外汇交易的各方必须交纳保证金来承担外汇期货汇率变动的风险。保证金又分为不同的种类，如表 3-8 所示。

表 3-8　保证金的种类

保证金种类	解释
初始保证金	交易中新开仓时必须依照各类合约交纳的资金
维持保证金	每日的浮动盈亏将会增减保证金账户的资金余额，交易者必须保持最低的余额，该余额即为维持保证金
变动保证金	即追加保证金，也就是初始保证金与维持保证金之间的差额

（2）每日清算制度。交易所的清算机构会在每日闭市后对会员的保证金水平进行检查，并根据需要以电话形式向会员发出保证金追加单。

5. 外汇期货交易的功能

外汇期货交易按一定的工作流程，以公开叫价、场外交易和利用电子自动配对系统的方式进行。而外汇期货交易也有很重要的一些功能。

（1）买入套期保值——多头套期保值。在期货市场上买进某种货币期货，然后卖出该种货币期货，来抵销现汇汇率的上升给持有的外汇债务带来的风险。

（2）卖出套期保值——空头套期保值。在外汇市场上先卖出某种货币期货，然后买进该种货币期货，来抵销现汇汇率下跌给持有的外汇债务带来的风险。

（3）多头投机。当投资者预测某种外汇期货合约的价格将上涨时，便先购买该期货合约，做多头，等到价格上升到预期的目标时，再将该期货合约卖出，从而赚取差价获利。

某外汇投资商在6月1日预测日元对美元的汇率将上升，于是在当天就在外汇交易市场买进12月交割的日元期货合约10份，并按要求缴纳了相应的保证金。到了9月1日，日元如期升值，则抛出10份日元期货合约。在这一过程中，投资商的获利为：

6月1日买进10份日元外汇期货合约（12月交割），成交价为100日元 =0.9215美元。

9月1日卖出10份日元外汇期货合约（12月交割），成交价位100日元 =0.9605美元。

盈利为：1250万[①] ×10× （0.9605−0.9215）÷100=4.875万（美元）。

（4）空头投机。投资者预测某种外汇期货合约的价格将会下跌时，先出售该合约，做空头，等到价格下跌到预期的目标时，再买进该合约以获得高价卖、低价买的好处。

[①] 国际货币市场规定，日元每日的价格波动为200点，每点为12.5美元。这里的1250万元的计算过程是：12.5×10份 ×100 000=1250万。

未来的买卖权，抓住就是获利的好机会

在外汇市场上还有一种叫作外汇期权的交易方式。这是一种在未来的时间段内外汇投资者拥有的一种对外汇进行相关交易操作的权利。外汇期权同样能够进行外汇的套期保值和投机套利，其在外汇交易中的应用也越来越广泛。

1. 外汇期权交易的概述

外汇期权是一种选择权合约，其授予外汇期权买方在合约期内按照协定汇率买入或出售一定数额的某种外汇资产的权利，卖方对该权利收取期权费，并且有义务按买方要求卖出或买入该种外汇。期权买方持有的是一种外汇买卖的权利，如果市场行情对买方不利，买方可以不行使该权利，使该权利到期后作废，在这一外汇交易决策过程中，买方只会损失付出的期权费。

外汇期权交易最先在美国费城的股票交易所进行，之后，芝加哥商品交易所、阿姆斯特丹欧洲期权交易所等相继设立了外汇期权交易。如今，外汇期权交易已经是投资者对未来外汇资金进行保值的重要手段，美国费城股票交易所和芝加哥期权交易所是世界上最具代表性的外汇期权市场。

外汇期权交易是外汇交易者对未来外汇资金进行保值的重要手段。按照不同的标准，可以将外汇期权分为不同的种类，如表3-9所示。

表 3-9　外汇期权的分类

分类标准	类别	解释
按期权所赋予的权利	买入期权	又称看涨期权，期权买方有权在合约的有效期内按协定价格买入一定数量的外汇
	卖出期权	又称看跌期权，期权买方有权在合约的有效期内按协定价格卖出一定数量的外汇
按执行时间	美式期权	买方可以在定约日至到期日之间的任何时间执行期权
	欧式期权	买方只能在规定的到期日执行期权
按约定价格与市场条件关系	溢价期权	买权的执行价格低于市场价格，卖权正好相反，即协定价格高于市场价格
	平价期权	执行价格与市场价格相等
	损价期权	买权的执行价格高于市场价格，卖权正好相反，即协定价格低于市场价格
按交易地点	场内期权	又称交易所期权，是外汇交易中心与期货交易所之间进行的期权
	场外期权	又称柜台式期权、店头期权，是在外汇交易中心与外汇交易所之外进行的期权

2. 外汇期权交易的实践应用

在实际应用中，外汇期权交易主要用来保值和投机获利。

（1）买入看涨期权，又称多头买权。如果当期汇率是上涨趋势，则可买入看涨期权，若有空头的现货或期货头寸，可以利用该期权达到避险的目的；若没有空头的现货或期货头寸，可以利用该期权达到投资谋利的目的。若汇率上涨，则买方盈利空间无限大；若汇率不变或下跌，买方只有期权费损失。

（2）买入看跌期权，又称多头卖权。如果预期市场汇率要下跌，可以买入看跌期权。利用对等的现货多头头寸，可以实现避险保值的作用；若没有对等的现货多头头寸，可以单独投资期权而获利。在实际中，若汇率下跌，则买方盈利空间无限大；若汇率不变或上涨，则买方只有期权费损失。

（3）卖出看涨期权，又称空头买权。如果预期市场汇率将平稳或下跌，投资者可以卖出买权，这时候的期权买方是不会执行期权的，卖方就可以赚取期权费。如果预期市场汇率上涨，那么卖方将无条件接受买方的执行价格，卖方将会有巨大的损失。

（4）卖出看跌期权，又称空头卖权。如果预期市场汇率将平稳或上涨，投资者可卖出卖权，同时买方在这种情况下是不会执行期权的，卖方就可以赚取期权费。

3. 我国的外汇期权业务

外汇期权业务是我国外汇交易业务中的重要品种之一。就中国银行而言，其借鉴国际金融市场的期权产品形式，结合国内实盘外汇业务发展的特点，相继推出了期权宝和两得宝这两种高技术含量的私人理财产品，如表 3-10 所示。

表 3-10　期权宝与两得宝

期权宝	客户利用自己账户中的资金，通过对未来市场汇率的变动做出合理判断，然后向银行支付一定的期权费后买入的期权； 特点：双方向交易，汇率涨跌都可获利；收益率可以成倍扩大；买入期权成本固定，收益无限大；风险有限，损失只有期权费

续表

两得宝	客户在账户中存入一笔存款的时候，根据自己对市场汇率的判断向银行卖出一份期权，客户可以得到一笔期权费； 优点：在外汇存款利率非常低或汇率上涨不明显的情况下可以获得投资收益； 缺点：当客户对未来汇率的变动判断失误的时候，则手中的存款将被兑换成另一种挂钩货币

外汇期权是一种选择合约，期权的买方有权选择在合约期内是否执行期权，期权所赋予的买入权和卖出权能够帮助期权的所有者套期获得无限的收益，也可以帮助期权的所有者合理地规避外汇交易中的风险。除了外汇期权以外，即期外汇、远期外汇和外汇期权都有套期保值和避险的作用，只要投资者合理选择这些外汇交易方式，就可以在外汇市场中获得相应的收益，避开一定的交易风险。

$ 延伸阅读：外汇交易中的那些小知识

在外汇交易中，选择不同的交易方式，就需要掌握不同交易方式涉及的相关交易原理或操作方式，从而让外汇交易过程变得更加便捷。

1. 什么是"外汇头寸"

在做即期外汇交易的时候，经常会用到"头寸"这个词，虽然这个词很抽象，但是我们依然可以用很简单的话语对其进行解释。头寸，即投资者持有的买入或者卖出外汇合约的单位（手）。但是在不同的地方，头寸又变得多变起来，并不像这种解释一样简单明了，所以这里我们对头寸做一个更细致的解释。

外汇头寸，是指外汇银行买卖外汇所持有的各种外币账户的余额状况。一般来讲，外汇头寸的状况是保持不变的。但银行在经营过程中不可避免地会出现买卖不平衡的情况。如果银行买入某种外币的数额超过卖出的数额，则称为该种外币的"多头"或"超买"；如果某种外币的卖出超过买进，则称为该种货币的"空头"或"超卖"；买卖持平而不增不减，则为"轧平"。若把各种外币的各种期限的头寸汇总计算净余额，则称为"总头寸"。银行始终要为外汇的多头或空头承担汇率变动的风险，为了稳妥经营，银行一般遵循买卖平衡原则。也就是说，如果出现多头，就将多余的部分卖出去；如果出现空头，就将短缺的部分买进，以轧平头寸。这种掩护性的外汇头寸称为"抛补"。如果银行对多头和空头不采取任何措施进行轧平，任其承受汇率风险，则这时称为"敞口头寸"或"风险头寸"。

只要充分理解银行外汇头寸，就可以更好地理解交易者对自己手里的外汇头寸的处理。在各种交易方式中，交易者的交易也是为了轧平自己手中的头寸，所以才采取了各种措施来避免因持有过多或过少的某一头寸而出现汇率变动损失。

2. 外汇的套期保值与投机的区别

外汇的套期保值与投机是有区别的。外汇交易者会选择远期外汇或者外汇期货和外汇期权进行投资，但是选择这些投资方式的目的除了获得投机收益之外，有时候也包括套期保值。可见，外汇的套期保值与投机是不同的概念。

首先，套期保值是为了避免汇率风险而轧平外汇头寸，而投机则是有意识地制造外汇头寸。

其次，套期保值都有实际的商业或金融业务与之相对应，买卖外汇时，有真实数额的资金；而外汇投机则没有这样真实买卖资金数额产生。

最后，套期保值的成本是固定的，可以避免更大的损失；而投机具有极大的不确定性。

第四章　看清各地货币优势，寻找可靠的交易对象

走进货币世界，深入了解货币

经济和政治影响下的美洲国家与地区的货币价值

西欧国家与地区的货币避险能力

投资增加境况下的亚洲国家和地区的货币价值

大洋洲和非洲国家与地区的货币交易价值

东欧国家与地区货币交易方式的选择

延伸阅读：中央银行在外汇交易市场上的作用

走进货币世界，深入了解货币

目前，全球存在非常多的货币种类，但是因为有些货币在世界上的活跃度不高，所以人们对其的关注度也低。相反，有一些货币的活跃度一直都保持在一个较高的水平，如美元、英镑和欧元等，而且这些高活跃度的货币具有各自的特性。正是因为世界上各种货币的差异明显，所以在做外汇交易的时候，对这些货币进行了解非常必要。

1. 通过贸易了解货币

一国的贸易与货币有什么关系呢？关注贸易的顺差、逆差就能知悉该国的货币吗？对这些问题，我们现在来做一个解释。外汇投资者一定要明确，贸易在货币价值中扮演着非常重要的角色，而且在贸易顺差国，其货币一般都是比较强势的。这是因为贸易顺差国的产品市场需求量更大，国外购买者购买时必须用出口国的货币支付，导致出口国的货币需求量增大，其货币的价值就会相应提高。而对贸易逆差国来说，其往往需要将本国的货币兑换成出口国的货币进行价款支付，这样，本国货币的供应量就会上升，供求关系会导致逆差国的货币价值减少。

说到国际间的贸易，那么进行国际贸易的各个国家又会将哪些产品或服务用于出口呢？我们在做外汇投资时，关注货币所属国的出口产品或服务也非常有必要。因为关注一国的出口产品或服务，就能掌握该产品或服务的市场价格及其变化，进而掌握该国货币的动态信息。

比如，位于大洋洲的新西兰，其作为世界上著名的奶制品出口国，出口的奶制品涉及黄油、奶酪、牛奶和奶粉等。投资者若想投资该国货币，就需要关注奶制品市场的价格，通过了解奶制品价格的变动来掌握新西兰奶制品出口数量的变化，进而推算出新西兰货币的供应量与需求量的大小，以进一步掌握新西兰货币的基本情况，为外汇投资做好准备。

这种关注出口国贸易产品的方法特别适用于评估一些商品出口国的货币，如澳大利亚、新西兰和加拿大等。

在国际贸易中，除了关注贸易顺差、逆差和出口产品信息之外，还有非常多的信息需要关注。比如，一国的货物出口对象是谁、主要进口哪些货物、从哪里进口货物等，这些信息都会影响投资者对该国货币价值的判断。

2. 通过证券市场了解货币

一个国家的证券市场就是该国进行股票、债券、基金、期货和期权等交易的市场。外汇投资者在关注某国的证券市场时，需要明确该国的证券市场风险主要在哪里，该国的证券投资者主要从哪里取得收益，不同市场投资对象的收益和风险是什么样的状况……了解这些证券市场要素，可以让外汇投资者对该国证券市场的吸引力更加明确，知道哪些内容是投资者更关注的，以及投资量处在一个怎样的水平等，进而确定该国的货币价值处在一个怎样的水平。比如，很多投资者会对某国的国债市场吸引力、股票市场吸引力、中央银行职责及其持有的黄金和外汇储备比较关注。

（1）关注国债市场的吸引力。一国的国债市场如果具有吸引力，那么该国的国债市场一定会是高利率的、稳定的。在这种情况下，该国国债的投资会增加，同时该国的货币需求量也会增加，这会使货币的价值上升，有利于外汇投资。

（2）关注股票市场的吸引力。一国股票市场的吸引力主要来自该国股票市场的规模及成熟度。规模越大、成熟度越高的股票市场，其风险越小，潜在的利润越大，因此会有大批投资者进入。当投资增加时，该国的货币需求量就会上升，其价值会相应增加，从而有利于外汇投资。

（3）关注中央银行职责及其持有的黄金和外汇储备。一国的中央银行一般都是对本国货币进行控制和调节的机构，中央银行一般不会随意对外汇价格的高低进行操作，只负责对国家经济指标进行调节。

中央银行的黄金和外汇储备如果较高，就可以在外汇市场游刃有余。投资者如果对中央银行的行为保持关注，就可以抓住该国的货币变动趋势适时进行外汇投资。

这里需要说明的是，投资者在对一国债券进行评估时，有两个可以参考的重要指标，即穆迪长期债务评级和债务率。

穆迪长期债务评级，是指对有关金融债务相对信用风险的意见，可以分为九级，如表4-1所示。

表4-1　穆迪长期债务评级信用风险强弱分级

信用评级	债务风险强弱
Aaa 级	质量最优，信用风险最低
Aa 级	质量很高，信用风险较低
A 级	质量中上等，信用风险低

续表

信用评级	债务风险强弱
Baa 级	质量中等,信用风险一般,并带有不确定性
Ba 级	具有投机性,信用风险较高,未来难以保证
B 级	具有投机性,信用风险高
Caa 级	质量较差,信用风险很高,未来难以保证
Ca 级	投机性高,违约可能性很大,或有明显的缺陷
C 级	质量最低,未来预期极差

此外,债务率是债务与 GDP 的比率,用来衡量一个国家或地区的债务程度。一般来说,负债率高的国家会有较高的信用风险,所以投资这些国家的货币时要谨慎,不能只以该国的利率高低作为是否投资的判断依据。

3. 通过政府对市场的干预了解货币

关注一国政府对市场的干预,就是关注政府在外汇市场上的活跃度。我们必须明白,政府对市场的任何形式的干预,都会在一定程度上破坏市场的稳定性,对市场产生不良影响。

当然,在某些特殊情况下,政府对市场进行干预反而是有利的。但总的来说,政府对市场的干预不宜太频繁,也不宜力度太大。

此外,通过对一国的国内生产总值、消费者价格指数和失业率等经济指标加以了解，也能对该国的货币情况有一定的了解。

　　最后，选择即将投资的货币时，对该货币的避险能力进行关注也是必要的。比如，瑞士法郎就是避险货币，因为瑞士一直是一个中立国家，政治和经济稳定，因此其货币不会受过多因素的影响，价值较稳定。

经济和政治影响下的美洲国家与地区的货币价值

美洲国家的货币或多或少都受到美国的经济力量和政治力量的影响。美洲国家与地区的主要货币，除了有世界经济强国美国的美元外，还有位于北美的加拿大的加拿大元、拉丁美洲的墨西哥的比索、南美洲的巴西的雷亚尔。这些货币，在经济及地缘政治的影响下各具特色。

1. 美元的优势从何而来

美元的优势特别明显。作为世界性的流通货币，美元开始成为越来越多国家的储备货币。那么，美元的优势从何而来呢？这就需要对美国的经济，尤其是贸易情况进行了解了。

根据美国中央情报局的资料，美国的贸易逆差绝对值一直都排在世界的最末位。也就是说，美国的贸易虽然处于逆差状态，但逆差很小。美国的出口能力是非常强大的，其出口的产品主要包括农产品（大豆、水果和玉米）、工业用品（有机化学品）、生产工具（晶体管、飞机、汽车零部件、计算机和远程通信设备）、消费品（汽车和药品）。而且美国最大的出口目的地是欧盟、加拿大、墨西哥、中国和日本。此外，美国还进口农产品、工业用品、原油、生产工具及消费品，美国最大的进口源是中国、欧盟、加拿大、墨西哥和日本。

从中我们可以看到，在美国的最大进口国及出口国中，都有与其非常邻近的加拿大和墨西哥。

通过对美国贸易进行分析可以发现，美国的贸易呈现出非常繁荣的景象，对其经济的影响举足轻重。在众多贸易关系的交织下，美元的市场需求量一直处于高位，所以美元在其贸易国的需求量非常大，美元的价值也处于一个高位。

美元不仅在其主要贸易国的影响力和优势凸显，而且在世界范围内，美元的影响力也同样是其他货币无法替代的。

2. 美国的证券市场吸引力

目前，美国的穆迪长期债务评级一直都比较高，在 Aaa 级附近，这说明美国的国债市场具有非常强的吸引力，投资者的投资意愿很高。美国的股票市场运行良好，作为世界上最大的股票市场，美国的华尔街吸引着世界各地的投资者入驻。美联储是美国的中央银行，具有双重职责：保持货币和信贷的长期增长量与经济推进生产力的长期潜能相一致；促进就业最大化，保证物价稳定、长期利率水平适中。

总之，美国证券市场的吸引力非常强，不管是国债、股票市场，还是美国央行，它们都处在一个良好的状态。在这种超强的吸引力之下，美元的价值始终处于高位。

3. 美国政府对市场的干预

美国政府和美联储对外汇市场的干预很少，几十年才可能出现一次。在美国政府的带领下，美国的经济一直处于一种利好的状态。图 4-1 所给出的数据，对了解美国经济有重要作用。

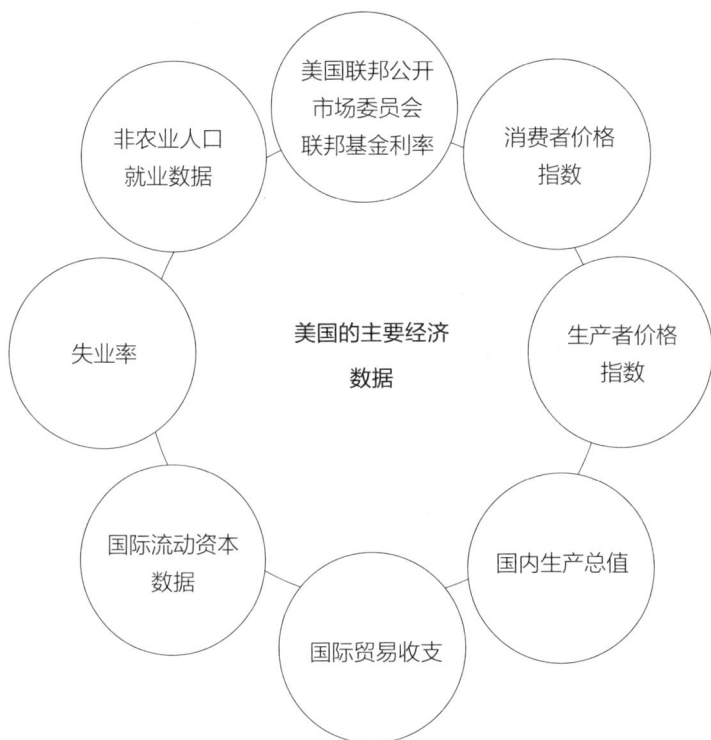

图 4-1　美国的主要经济数据

综合来看，依托美国的经济影响力，美元一直处在一个较稳定的市场环境中，其价值始终保持在较高的水平，所以美元是一种很好的避险货币，投资者可以选择现货外汇、外汇期货、交易所交易基金、交易所交易票据、现货外汇期权和交易所外汇交易期权等进行美元的外汇交易。

4. 美洲其他国家的货币

虽然美洲国家和地区的代表货币是美元，但加拿大元、墨西哥比索和巴西雷亚尔在各自国家经济的影响下竞争优势明显。参照对美元的分析，我们对美洲其他国家货币价值的影响因素进行总结，结果如表 4-2 所示。

表4-2 美洲其他国家货币价值的影响因素

影响因素	代表货币		
	加拿大元	墨西哥比索	巴西雷亚尔
贸易差	逆差小	逆差较小	逆差小
主要出口商品	汽车及其零部件、工业机械、飞机等	制成品、石油及石油产品、银等	运输设备、铁矿石、大豆等
主要出口国	美国、欧盟各国、中国、日本、墨西哥	美国、欧盟各国、加拿大、哥伦比亚、巴西	欧盟各国、中国、美国、阿根廷、日本
主要进口商品	机械设备、汽车及其零部件、原油等	金属加工机械、钢铁制品、农业机械等	机械、电子设备、运输设备等
主要进口国	美国、欧盟各国、中国、墨西哥、日本	美国、中国、欧盟各国、日本、韩国	欧盟各国、美国、中国、阿根廷、日本
证券市场吸引力	具有吸引力	具有吸引力	具有吸引力
央行职责	控制通货膨胀率	通过施行相应的货币政策[①]来影响利率和通货膨胀率	保证货币购买力的稳定及金融系统的稳固有效
政府对市场的干预	干预不多	偶尔会干预	偶尔会干预
主要经济数据	加拿大中央银行隔夜利率、生产者价格指数和国内生产总值等	利率、就业率、国内生产总值和国际贸易收支	利率、就业率、国内生产总值和国际贸易收支
是否为避险货币	否	否	否

① 货币政策：指中央银行通过调节利率来影响货币供应量，进而维持一国供求关系等处于一个相对稳定的状态。

西欧国家与地区的货币避险能力

西欧国家的货币除了欧元，还有与欧元影响力相当的英镑，此外，瑞士法郎也是西欧外汇市场的主要货币。而瑞典克朗、挪威克朗和丹麦克朗虽然是非主流货币[①]，但是由于瑞典、挪威、丹麦是一些实力较强的经济体，所以它们的货币也具有一定的影响力。

1. 欧元及欧元区的介绍

欧元是欧元区的官方货币。欧元区是使用欧元的各个国家和地区组成的区域，它比欧盟要小。在评估欧元时，不仅要关注整个欧元区的状况，还要关注欧元区内的主要国家。德国、法国、意大利和西班牙主导欧元区的经济活动。在欧元区，虽然使用的是统一的货币，但是各国的财政政策不同，这也是欧元区面临的一个重要问题。

此外，因为欧元区各个国家货币的健康度和稳定性也不同，因此主导外汇市场的欧元同样面临着一些潜在威胁。

2. 欧元区的贸易情况

这里我们主要对欧元区的前三大经济体——德国、法国和意大利的贸易情况进行介绍，具体如表4-3所示。

---

① 非主流货币：学者在进行理论研究的过程中，将一些影响力不是特别明显，但在国际经济与贸易中起着一定作用的货币称为非主流货币。

表4-3　德国、法国和意大利的贸易情况

项目	贸易情况		
	德国	法国	意大利
贸易差	贸易顺差，顺差大	贸易逆差，逆差小	贸易顺差，顺差小
主要出口商品	机械、交通工具、化学品、金属、制造品、食品和纺织品等	机械、运输设备、飞机、塑料、化学品、医药品、钢铁和饮料等	工程产品、纺织品、服装、生产机械和汽车等
主要出口国	欧盟各国、美国、中国、瑞士和俄罗斯	欧盟各国、美国、瑞士、中国和俄罗斯	欧盟各国、美国、瑞士、中国和俄罗斯
主要进口商品	机械、交通工具和化学品等	机械设备、交通工具、原油和飞机等	工程产品、化学品和运输设备等
主要进口国	欧盟各国、中国、美国、瑞士和俄罗斯	欧盟各国、中国、美国、瑞士和俄罗斯	欧盟各国、中国、俄罗斯、瑞士和利比亚

就这些贸易情况来看，欧元区的国家主要以贸易顺差为主，进出口的主要国家也在欧盟各国当中，美国、中国在其进出口份额中所占的比重较高，所以欧元的市场需求空间很大，其价值处在一个高位。

3. 欧元区的证券市场吸引力

欧元区的每个成员国都有自己的国债市场，穆迪对欧元区的累计评级为 Aaa 级，这反映出欧元区各国国债市场吸引力的强大。在欧元区的股票市场上，法国、德国和西班牙都是国际上的大股票市场，同样具有非常强的吸引力。欧元区的债券市场优势非常明显，能够吸引更多投资者，因而将会促进欧元的价值上升。

就欧元区各国的央行行为来说，它们的主要目标是把通货膨胀率控制在最低范围，以稳定货币价格。欧元区各国和欧洲中央银行很少对市场进行干预。在对欧元区货币进行投资的时候，一些重要的经济数据可以作为参考，如图 4-2 所示。

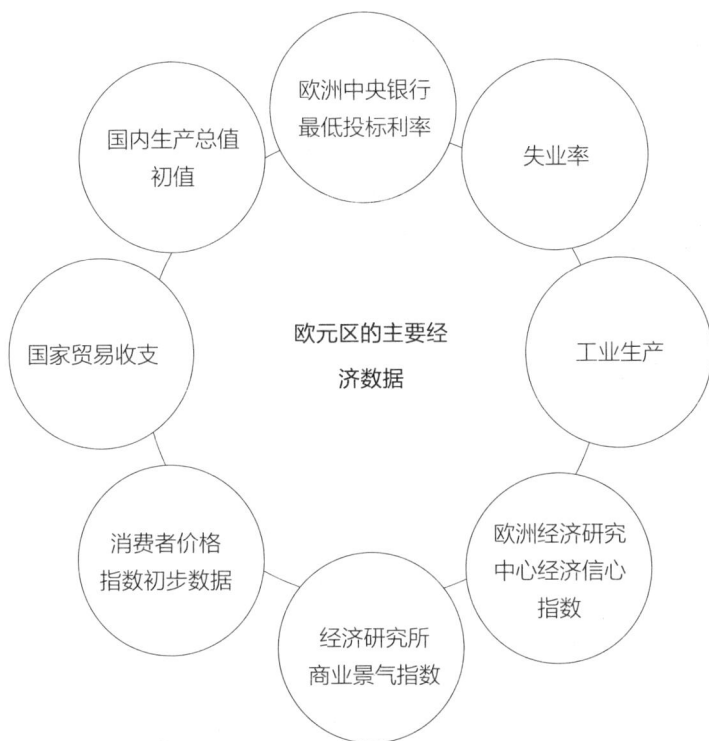

图 4-2 欧元区的主要经济数据

综合来看，由于欧元区各个国家的政治和经济情况等各异，尤其是货币政策未能统一，所以欧元目前还不是避险货币。通常，我们可以采用现货外汇、外汇期货、交易所交易基金、交易所交易票据、现货外汇期权和交易所交易外汇期权等方式对欧元进行投资。

4. 西欧其他国家的货币

这里我们着重分析西欧其他一些国家货币价值的主要影响因素，具体如表4-4所示。

表4-4　西欧其他国家货币价值的影响因素

影响因素	代表货币				
	英国英镑	瑞士法郎	瑞典克朗	挪威克朗	丹麦克朗
贸易差	逆差小	顺差大	顺差较大	顺差大	顺差较大
主要出口商品	制成品、燃料和化学品等	机械、化学品和金属等	机械、汽车和纸制品等	石油及石油产品和机械等	机械、仪器、肉类及肉制品等
主要出口国	欧盟各国、美国、中国、瑞士和加拿大	欧盟各国、美国、日本和中国	欧盟各国、挪威、美国、中国和俄罗斯	欧盟各国、美国、加拿大、中国和韩国	欧盟各国、挪威、美国、中国和日本
主要进口商品	制成品、机械和燃料等	机械、化学品和交通工具等	机械、石油及石油制品等	机械设备、化学品和金属等	机械、设备和原材料等
主要进口国	欧盟各国、美国、中国、挪威和日本	欧盟各国、美国、中国、日本和越南	欧盟各国、挪威、中国、美国和俄罗斯	欧盟各国、中国、美国、日本和加拿大	欧盟各国、中国、挪威、美国和新加坡

续表

影响因素	代表货币				
	英国英镑	瑞士法郎	瑞典克朗	挪威克朗	丹麦克朗
证券市场吸引力	具有吸引力	具有吸引力	具有吸引力	具有吸引力	具有吸引力
央行职责	保证货币价值和财政稳定	执行货币政策战略	负责货币政策的实施	执行财政、信贷、外汇政策	负责货币政策的实行
政府对市场的干预	很少干预	偶尔会干预	很少干预	很少干预	很少干预
主要经济数据	英格兰银行官方利率、失业申请人数变化、消费者价格指数、生产者价格指数和国内生产总值等	利率、销售额、KOF经济晴雨表、就业率、通货膨胀率、国内生产总值和国际贸易收支等	利率、就业率、通货膨胀率、国内生产总值和国际贸易收支等	利率、就业率、通货膨胀率、国内生产总值和国际贸易收支等	利率、就业率、通货膨胀率、国内生产总值和国际贸易收支等
是否为避险货币	否	是	否	否	否

投资增加境况下的亚洲国家和地区的货币价值

亚洲国家和地区因为自身一些独特的优势，如劳动力丰富、劳动力成本低和资源相对充足等，吸引了越来越多的西方国家的投资。那么，在这种投资增长的环境下，亚洲国家的外汇货币会呈现出怎样的变化呢？这里，我们将对亚洲国家与地区的货币进行介绍，包括日本的日元、中国的人民币，以及韩国的韩元、新加坡的新加坡元、印度的卢比和泰国的泰铢等。

1. 日本的贸易情况

日本的经济比较繁荣，作为世界上的大经济体，日元的影响力也在不断地上升。就日本的贸易来说，日本对石油的进口需求非常大，所以日元对石油价格的变化特别明显。此外，日本还是世界上贸易顺差非常大的国家，其顺差水平一直排在世界前列。

（1）主要出口商品：运输设备、汽车、半导体、电子机械和化学品等。

（2）主要出口国：中国、美国、欧盟各国和韩国等。

（3）主要进口商品：机械设备、燃料、食品、化学品、纺织品和原材料等。

（4）主要进口国：中国、美国、欧盟各国、澳大利亚和沙特阿拉伯等。

2. 日本证券市场概况

日本国债市场的穆迪长期债务评级是非常高的，为 Aaa 级，这说明日本国债市场的吸引力非常大。同时，日本政府债券的持有者大多是国内的投资者，因此本国投资者对本国货币的忠诚度非常高，一般不会因政治、经济因素的影响而转让自己手中的债券。也就是说，日本的资金一般不会外流。所以日元在市场上的需求量非常大，是一种避险货币。

日本的股票市场属于世界上的大股票市场，东京证券交易所是世界上最大的交易所之一。由此可见，日本证券市场同样具有非常强的吸引力。

日本央行的首要职责是发行货币，并对货币和汇率进行调控，以确保银行和金融机构的资金结算顺利进行，进而维系金融系统的稳定。

3. 日本政府对外汇市场的干预

在日本，能够对外汇市场进行干预的机构主要有日本财政部和日本银行。日本政府及银行对外汇市场的干预，主要表现为对外汇市场进行平衡管理，从日本的经济情况来看，这些干预并没有太多弊端。

当我们了解日本经济时，一些经济数据是重要的参考指标，如图4-3所示。

图 4-3　日本的主要经济数据

综合上述因素的影响，投资者可以通过现货外汇、外汇期货、交易所交易基金、交易所交易票据、现货外汇期权和交易所交易外汇期权来进行日元的投资。

4. 亚洲其他国家的货币

亚洲地区有影响力的货币除了日元之外，就是中国的人民币、韩国的韩元、新加坡的新加坡元、印度的卢比、泰国的泰铢了。在世界经济进一步融合发展的大背景下，这些货币及其国家间的相互影响与渗透也变得越来越明显。

要想更好地了解上述货币，就要对相应货币国家的贸易、证券市场吸引力、政府干预等情况有一定的了解，具体如表4-5所示。

表4-5　亚洲其他国家货币价值的影响因素

影响因素	代表货币				
	人民币	韩元	新加坡元	卢比	泰铢
贸易差	顺差最大	顺差大	顺差大	逆差小	顺差较大
主要出口商品	电力及其他机械、数据处理设备和服装等	半导体、通信设备和汽车等	机械设备、消费品和药品等	石油产品、宝石和机械等	纺织品、鞋类和水产品等
主要出口国	欧盟各国、美国、日本和韩国	中国、欧盟各国、美国、日本	马来西亚、中国、印度尼西亚、欧盟各国	欧盟各国、阿拉伯联合酋长国、美国、中国	欧盟各国、美国、中国、日本

续表

影响因素	代表货币				
	人民币	韩元	新加坡元	卢比	泰铢
主要进口商品	电力及其他机械设备、石油、矿物燃料等	机械、电子产品及设备等	机械设备、矿物燃料、化学品等	原油、宝石、机械等	生产资料、中间产品、原材料等
主要进口国	日本、欧盟各国、韩国、美国	中国、日本、欧盟各国、美国、沙特阿拉伯	欧盟各国、美国、马来西亚、中国、日本	欧盟各国、中国、阿拉伯联合酋长国、美国、沙特阿拉伯	日本、中国、欧盟各国、马来西亚、美国
证券市场吸引力	具有吸引力	具有吸引力	具有吸引力	具有吸引力	具有吸引力
央行职责	维持货币价值稳定	根据经济情况制定货币政策	维持物价稳定	维持货币价值稳定及相关银行服务	确保物价稳定
政府对市场的干预	宏观调控	偶尔干预	密切关注新加坡元的动向，根据情况进行干预	偶尔干预	偶尔干预

续表

影响因素	代表货币				
	人民币	韩元	新加坡元	卢比	泰铢
主要经济数据	利率和准备金规定、通货膨胀率、国内生产总值、国际贸易收支等	利率、就业率、通货膨胀率、国内生产总值和国际贸易收支等	利率、就业率、通货膨胀率、国内生产总值和国际贸易收支等	利率、就业率、通货膨胀率、国内生产总值、国际贸易收支等	利率、就业率、通货膨胀率、国内生产总值、国际贸易收支等
是否为避险货币	否	否	否	否	否

大洋洲和非洲国家与地区的货币交易价值

大洋洲和非洲国家与地区的货币以澳大利亚的澳大利亚元（简称"澳元"）为主，同时新西兰元、南非兰特也是主要的货币代表。这些货币同样受贸易、证券市场和政府干预的影响。因此，投资者投资这些货币的时候，要尽可能多地关注这些货币对应的中央银行的职责，这样就可以根据央行政策，在不同的形势下做出合理预期，采取不同的投资措施。

1. 澳大利亚的贸易情况

澳大利亚的经济保持在世界的较前列，逆差较小。其经济主要依赖商品出口，包括煤、铁矿石、黄金、肉类、羊毛、铝土、小麦、机械和运输设备等。中国、日本、欧盟各国、韩国和印度是澳大利亚最主要的出口国。在这种经济背景下，澳元不仅成了外汇市场重要的货币之一，还成为商品货币①之一。

除了出口之外，澳大利亚还有机械、运输设备、计算机、办公设备、通信设备及零件、原油及石油制品的进口。澳大利亚最大的进口国主要有欧盟各国、中国、美国、日本和泰国。

---

① 商品货币：指有实物支持的货币，是法定货币以外的另一种货币类型，在政府的保证之外货币本身也有其内在的基本价值，能像商品一样进行买卖，类似于黄金、白银。

2. 澳大利亚的证券市场

澳大利亚国债的穆迪长期债务评级较高，为 Aaa 级，说明其国债市场的吸引力非常大，这算是一种积极的投资信号。同时，澳大利亚的股票市场也具有较强的吸引力。

澳大利亚的储备银行是澳大利亚中央银行，严格执行《储备银行法案》的相关规定，确保货币政策和银行政策能够给澳大利亚人民带来最大的收益；保持澳元的稳定，维持澳大利亚国民的充分就业，繁荣澳大利亚经济。此外，澳大利亚的外汇储备和黄金储备都较高。

3. 澳大利亚政府对市场的干预

澳大利亚政府会根据经济情况对外汇市场进行调节，但这并不意味着澳大利亚政府就是一个强势的货币操纵者。

澳大利亚的经济发展受诸多因素的影响，具体如图4-4所示。关注影响澳大利亚经济发展的各因素，能够更好地把握澳元的投资价值。

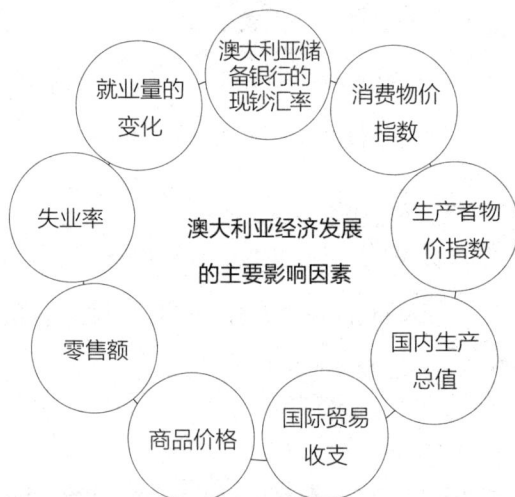

图 4-4　澳大利亚经济发展的主要影响因素

澳元目前还不是避险货币，在用澳元进行外汇交易的时候，可以选择现货外汇、外汇期货、交易所交易基金、交易所买卖票据、即期外汇期权和交易所交易外汇期权等方式来进行操作。

4. 其他具有代表性的货币

大洋洲和非洲地区地广人稀，经济主体比较分散，除了澳大利亚之外，新西兰和南非就是最有影响力的国家了。影响这两个国家的货币价值的因素，具体如表 4-6 所示。

表 4-6　新西兰元，南非兰特价值的影响因素

影响因素	代表货币	
	新西兰元	南非兰特
贸易差	逆差较小	逆差小
主要出口商品	奶制品、肉类、木材等	黄金、钻石和白金等
主要出口国	澳大利亚、欧盟各国、美国、中国和日本	欧盟各国、中国、美国、日本和瑞士
主要进口商品	机械设备、交通工具和石油等	机械设备和化学品等
主要进口国	澳大利亚、欧盟各国、中国、美国和日本	欧盟各国、中国、美国、沙特阿拉伯和日本
证券市场吸引力	积极迹象，有吸引力	积极迹象，有吸引力
央行职责	借助货币政策维持物价稳定	实现和维护物价稳定
政府对市场的干预	很少干预	极少干预

续表

影响因素	代表货币	
	新西兰元	南非兰特
主要经济数据	新西兰储备银行的官方现金利率、就业率、消费者物价指数、国内生产总值、国际贸易收支、零售额、新西兰经济研究所商业信心指数和新西兰国民银行商业信心指数	利率、就业率、通货膨胀率、国内生产总值和国际贸易收支
是否为避险货币	否	否

新西兰和南非这两个国家的经济主要依赖商品出口，因此这两国的货币也是商品货币。

东欧国家与地区货币交易方式的选择

东欧国家的货币主要以俄罗斯的卢布为代表。俄罗斯的卢布在世界货币市场上属于非主流货币，但是作为东欧主要经济体的俄罗斯，卢布对东欧国家的影响力非常大。东欧其他国家的货币，如波兰兹罗提、土耳其新里拉、匈牙利福林和捷克克朗构成了东欧国家的非主流货币体系。

1. 俄罗斯的贸易情况

俄罗斯的贸易呈现顺差，而且顺差大。俄罗斯地缘广博，自然资源丰富，在其出口产品中，石油及石油制品、天然气、金属、木材及木材制品排在前列，此外还有化学品和种类繁多的民用与军用制品。这些商品大多出口到了欧盟各国、中国、土耳其、乌克兰和哈萨克斯坦。

当然，俄罗斯也进口机械、车辆、药品、塑料、金属半成品、肉类、水果及坚果、光学仪器、医疗器械、铁和钢，这些进口产品主要来源于欧盟各国、中国、乌克兰、美国和日本。

2. 俄罗斯的证券市场

俄罗斯国债市场的穆迪长期债务评级较高，为 Aa 级，这是一种积极的迹象，预示投资证券获利的可能性较高。俄罗斯的股票市场波动虽然较大，但是凭借其评级居世界前列的优势，仍然具有吸引力。

俄罗斯的央行依据其宪法进行相关的管理活动，主要职责是保持卢布的稳定，俄罗斯中央银行持有很高的外汇储备和黄金储备。

3. 俄罗斯政府对市场的干预

俄罗斯政府会根据相应情况和趋势对外汇市场进行干预。当然这种干预不是盲目的，而是依据可靠的信息有计划地进行干预。

为了更全面地了解俄罗斯的经济情况，我们需要查阅更多俄罗斯经济方面的数据，如图 4-5 所示。

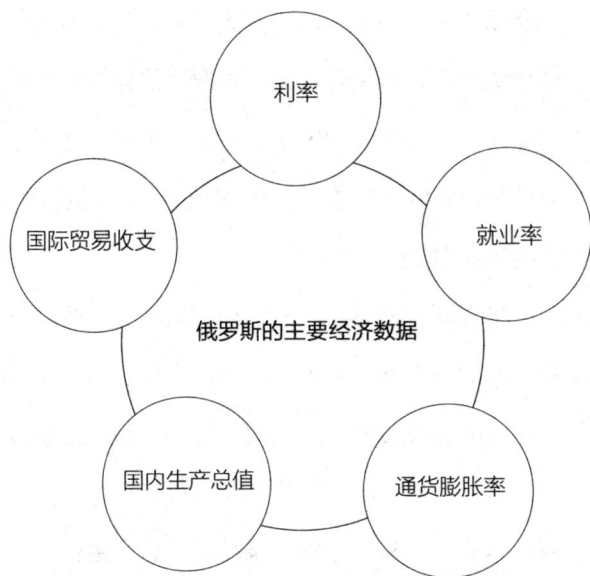

图 4-5　俄罗斯的主要经济数据

投资俄罗斯卢布的时候，可以选择现货外汇、外汇期货和交易所交易基金的外汇交易方式。

4. 东欧其他国家的货币

其他东欧国家的主要货币代表是波兰兹罗提、土耳其新里拉、匈牙利福林和捷克克朗。这些货币都是非主流货币，在各自国家经济的影响下，让它们在东欧的影响力也日益增强。影响东欧其他国家货币价值的主要因素如表 4-7 所示。

表 4-7　影响东欧其他国家货币价值的主要因素

影响因素	代表货币			
	波兰兹罗提	土耳其新里拉	匈牙利福林	捷克克朗
贸易差	逆差小	逆差小	逆差中等	逆差小
主要出口商品	机械、运输设备和工业半成品等	服装、食品和纺织品等	机械设备和食品等	机械及运输设备、原材料和燃料等
主要出口国	欧盟各国、俄罗斯、乌克兰、挪威和美国	欧盟各国、伊拉克、瑞士、美国和俄罗斯	欧盟各国、俄罗斯、美国、乌克兰和克罗地亚	欧盟各国、俄罗斯、瑞士、美国和中国
主要进口商品	机械、化学品和半成品等	机械、化学品和半成品等	机械、设备和燃料等	机械及运输设备、原材料和燃料等
主要进口国	欧盟各国、俄罗斯、中国、韩国和美国	欧盟各国、俄罗斯、中国、美国和伊朗	欧盟各国、俄罗斯、中国、日本和美国	欧盟各国、中国、俄罗斯、日本、美国
证券市场吸引力	积极迹象，有吸引力	积极迹象，有吸引力	迹象不好	积极迹象，有吸引力
央行职责	稳定物价	实现和维持物价稳定	控制通货膨胀，维持物价稳定	维护物价稳定

续表

影响因素	代表货币			
	波兰兹罗提	土耳其新里拉	匈牙利福林	捷克克朗
政府对市场的干预	有时会干预	一定程度的干预	很少干预	极少干预
主要的经济数据	利率、就业率、通货膨胀率、国内生产总值和国家贸易收支	利率、就业率、通货膨胀率、国内生产总值和国际贸易收支	利率、就业率、通货膨胀率、国内生产总值和国际贸易收支	利率、就业率、通货膨胀率、国内生产总值和国际贸易收支
是否为避险货币	否	否	否	否

　　了解全球具有代表性的国家的货币情况，能够让我们更好地认识这些货币的价值走向，有利于我们正确选择外汇交易货币，这对我们的外汇投资能起到很大的帮助作用。

$ 延伸阅读：中央银行在外汇市场上的作用

在外汇市场上，中央银行属于操作者，当然这不是不怀好意的操作，也不是随心所欲的操作，更不是为了损害某些投资者的利益而进行的操作。中央银行之所以干预外汇市场，很多时候都是在履行政府赋予它的职责。在中央银行看来，干预市场是履行其职责的最佳方式。那么，中央银行为什么要干预市场呢？

当贸易出现不平衡时，为了消除贸易逆差或者顺差对市场的影响，中央银行才会干预市场。

当出现贸易顺差时，货币的升值压力会增大，因为出口越多，本国货币的需求量会增加，而市场上本国货币又是有限的，这就会使货币价值上升，持续的出口顺差，会让本国货币的价值上升过快，这是一种不正常的现象。为了消除这种贸易顺差带来的货币升值压力，中央银行一般会购买外汇，将更多的本国货币投放到市场上。这样本国货币的供应量就会增加，货币价值也会降到一个相对合理的区间。

当出现贸易逆差时，货币又会面临贬值的压力。贸易逆差越大，就需印发更多的本国货币并兑换成出口国的货币进行进口货物的价款支付，这样本国货币的供应量就会上升，相应货币的价值会降低，也就是货币开始贬值。为了消除贸易逆差给本国货币带来的贬值压力，中央银行会动用外汇储备购买本国货币，这样市场上的本国货币就开始减少，货币价值也随之上升到一个相对合理的区间。

中央银行这种增加和减少市场货币的操作并不全是好的。为了增加货币供应量而向市场投放过多的货币，会带来通货膨胀的风险；反之，为了减少货币供应量而回收市场上的货币，也可能带来通货紧缩的风险。所以，中央银行在采取措施之前，一定要做好权衡和预估，防止这些不利现象的出现。

在金融危机时期，外汇市场会出现非常剧烈的波动，而且波动强度非常明显，这种异常的波动会让中央银行非常敏感。于是，中央银行摸索出了一种既可以降低市场波动，又能帮助其他银行渡过危机的办法——联合各家银行发行临时性互惠货币，这叫作中央银行流动性互换机制。在这种机制下，中央银行有权向其他国家的中央银行借入外汇，并将这些外汇应用在本国的经济中。然后，本国中央银行承诺在将来的某个日期全部归还外汇。这种临时借入的外汇，在维持市场平稳方面发挥了巨大的作用。

当货币正处在升值或贬值的过程中时，中央银行为了维持货币的稳定，会通过干预的方式让货币价值维持在一个稳定的状态。降低货币价值，对中央银行来说不是一件难事，其只需要大量印钞，然后将钞票投放市场即可。但是印钞有一个前提，那就是中央银行有充裕的外汇储备。也就是说，如果想让本国货币的价值升高，这时候中央银行必须动用外汇从公开市场上购买本国货币，这样市场货币就会减少，货币价值继而升高。

第五章 全面的基本面分析，洞察交易市场行情

认识基本面分析，把握外汇交易的宏观环境

动用各项经济指数，多角度研究汇率变动

其他因素对汇率的影响

运用可行的分析方法，应对外汇市场风云变幻

延伸阅读：美元在外汇市场的表现

认识基本面分析，把握外汇交易的宏观环境

基本面分析是外汇交易中经常用到的一种分析方法。现在，我们将会更加全面地讲解外汇投资中的基本面分析，即对影响外汇交易的经济、社会和政治等客观因素进行解读，从而了解这些因素背后的潜在信息，做出更好的外汇投资决策。

基本面分析就是对在外汇市场上进行交易的各种货币对应国家的政治、经济等要素进行分析。在外汇市场上，货币就是流通的商品，即投资者买卖的对象。这些货币商品的价值，主要由其对应国家的经济状况决定。一国经济的好或坏，都会反映在本国货币兑换其他国家货币的汇率变化上来。

基本面分析注重的是一个国家的经济发展、金融稳定和政府政策的变动，因为这些都会影响市场中货币的供求关系，进而影响货币的价值，最终，价值再带动汇率发生变化。一般来讲，一个国家的经济越繁荣，该国货币就会越稳定，相对其他货币来说，其信用度越高，将来表现出的走势也会越强。

我们分析某个国家货币对应的经济运行基本面的时候，通常会从以下内容着手。

（1）宏观经济指标：经济增长率、国内生产总值、利息率、通货膨胀率和失业率等。

（2）资产市场要素：股票、债券和房地产等。

（3）政治因素：政府的可信任度和社会稳定性等。

外汇作为一种金融商品，其价格会随着市场供求关系的变化而变化。外汇价格上涨，是因为市场上的需求者较多，也就是买的人比卖的人多，从而抬高了其价格；外汇价格下跌，是因为市场上的需求者减少，也就是卖的人比买的人多，从而拉低了其价格。

对即将投资的货币进行基本面分析，具体如图5-1所示。

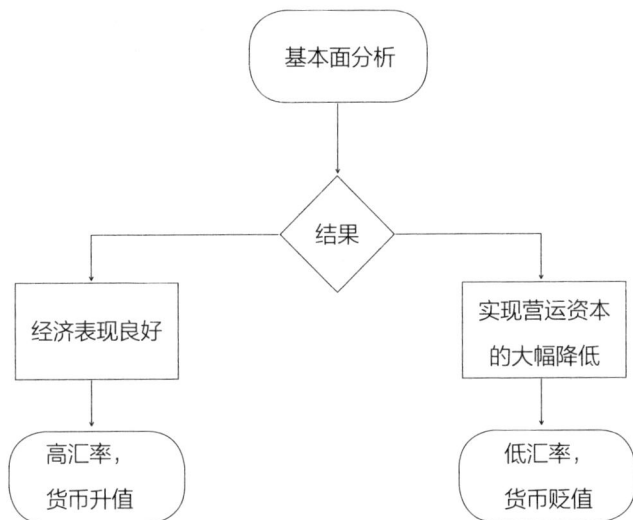

图 5-1　货币的基本面分析

动用各项经济指数，多角度研究汇率变动

研究经济数据和经济指数，不但可以了解经济发展态势，还可以追溯汇率的变动轨迹。也就是说，通过分析各项宏观经济数据和指标，就可以对某个国家的经济情况有一个大概的了解，进而掌握该国汇率的变动情况。

1. 经济数据对汇率的影响

对汇率产生影响的经济数据具体包括如下。

（1）常用经济数据对汇率的影响。

①国内生产总值（GDP）。GDP 增长，预示着该国经济表现良好，利率会上升，进而该国货币的吸引力就会增加，所以汇率也会相应地上涨；反之利率下跌。

②利率。利率是外汇汇率的主要推动者。利率上升，货币就处于升值趋势，汇率也就开始上涨；反之利率下跌。

③失业率。它指一定时期内全部就业人口中有就业意向但没有工作的劳动力占总劳动力的比率。失业率下降，表明一国经济整体健康，利于货币的升值，汇率上涨；反之汇率下跌。

④商业库存。它包括工厂存货、中间商存货、零售业存货，用于评估生产循环状况。存货在正常水平，将有利于商品生产和经济发展，使得货币升值，汇率上涨；反之汇率下跌。

⑤通货膨胀。通货膨胀指一定时期内物价水平全面上涨的现象。若一国出现持续的通货膨胀，就需要对该国的货币谨慎对待。

⑥财政赤字。财政赤字指的是财政支出大于财政收入。财政赤字增大，该国货币价值下降，汇率下跌；财政赤字缩小，则该国货币价值上升，汇率上涨。

（2）一些与贸易和消费相关的经济数据，也是影响汇率涨跌的重要指标。

①贸易赤字。贸易赤字指的是贸易逆差。

②经常项目收支。如果是正数，汇率上涨；反之汇率下跌。

③消费者信贷余额。该数值增加，消费支出增加，经济活跃；反之经济衰退。

④个人收入和支出。个人收入总和越高，经济好转，消费增加，汇率上涨；反之汇率下跌。

⑤资本项目收支。一个国家的长短期资本流动情况为正，则汇率上涨；反之汇率下跌。

（3）一些比较特殊的经济数据也与汇率的变动相关联，如表5-1所示。

表5-1　一些比较特殊的经济数据对汇率的影响

经济数据	对汇率的影响
耐久财订单	不易损耗的财订单，如飞机等。耐久财订单代表未来一个月内制造商生产情形的好坏，与货币汇率呈正相关
设备使用率	工业总产出对生产设备的比率。若设备利用率超过95%，表明设备使用接近极限，市场经济向好；若设备利用率在90%以下，则设备闲置过多，经济有衰退迹象

续表

经济数据	对汇率的影响
房屋开工率	反映房地产市场的状况。对经济的影响至关重要。通常，房屋开工率提高，会带动就业及其他生产产出的增加，使得经济向好，货币走强，推动汇率上涨
汽车销售	了解一个国家经济、强弱的指标。汽车销售额上升，预示经济好转，人民消费意愿增强，利好本国货币，汇率上涨

在日本，"日本的短观报告"也是其经济景气与否的重要指标，该指标由日本政府公布，可以预测日本未来的经济走势；在美国，"美联储系统注解"能够表达美联储对国内和国际经济的看法与政策，其对外汇市场也有非常重要的作用。

在利用这些经济数据做基本面分析的时候，不要只看某一指数的情况，而是要结合多方面的指数对一国经济进行全面的分析，这样才能准确判断汇率的走势。

2. 指数对汇率的影响

通常，指数对汇率也有一定的影响，其是对一国经济另一层面的反映，如表 5-2 所示。

表 5-2　指数对汇率的影响

指数类型	对汇率的影响
领先指数	预测未来经济发展的重要指标，是各种经济变量的加权平均数。该指数上升，则表示该国货币走强；指数下跌，则表示该国货币走软

续表

指数类型	对汇率的影响
工业生产指数	工业生产部门在一定时期内生产品的全部总价值，与汇率呈正相关
消费者物价指数（CPI）	该指数升幅温和，则经济稳定，货币汇率看涨；该指数升幅过大，物价上涨，人们购买能力弱，则货币汇率看跌
生产价格指数（PPI）	衡量不同商品在不同生产阶段的价格变化，可作为CPI的一个预测指标
批发物价指数（WPI）	根据大宗物资批发价格计算的综合物价指数，与CPI、PPI内涵基本相同
就业成本指数（ECI）	作为通货膨胀的指标，该指标的作用与CPI相似
零售物价指数（RPI）	零售额提升，代表消费支出增加，经济趋势向好，货币汇率看涨；反之，则经济下行，货币汇率看跌
采购经理人指数（PMI）	反映国家制造部门的情绪，用于测量制造部门的运行状况，对外汇市场具有重要的作用
美国供应管理协会（ISM）指数	反映美国经济与繁荣程度及美元的走势
德国IFO经济景气指数	德国经济状况的重要指标

其他因素对汇率的影响

除了经济因素之外，外汇市场中其他的一些因素同样会对汇率的变化产生影响。比如，与政治相关的因素：领导者大选、政权的更迭、战争或政变等；投资者的一些心理因素也会对汇率产生影响，由于人们心理的不确定性，外汇市场也会受到波动。

1. 政治因素对外汇市场的影响

政治因素对外汇市场有影响，主要是因为政治动荡会让一国的外汇面临的风险增加，从而让汇率波动的幅度更加明显，如图 5-2 所示。

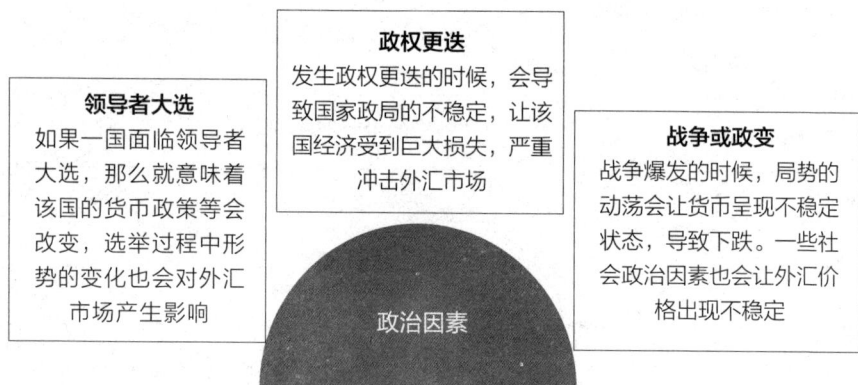

政权更迭
发生政权更迭的时候，会导致国家政局的不稳定，让该国经济受到巨大损失，严重冲击外汇市场

领导者大选
如果一国面临领导者大选，那么就意味着该国的货币政策等会改变，选举过程中形势的变化也会对外汇市场产生影响

战争或政变
战争爆发的时候，局势的动荡会让货币呈现不稳定状态，导致下跌。一些社会政治因素也会让外汇价格出现不稳定

政治因素

图 5-2 政治因素对汇率的影响

除了客观的政治因素外，政府还会主动对外汇市场进行干预，这种直接干预也是影响外汇市场稳定的重要因素。比如，政府制定的货币政策和财政政策可能经常会改变，进而引发外汇市场改变。中央银行除了使用货币政策和财政政策干预市场外，还会利用自身储备的外汇直接对市场进行干预。当然，中央银行对外汇市场的干预有好有坏，有些能够让人们接受，但是有些政策或许会违背大众的意愿。那么，中央银行为什么要对外汇市场进行干预呢？具体原因如下。

（1）汇率的异常波动与国际资本流动密切相关，会给一国的工业生产和宏观经济带来波动。所以，稳定汇率有助于稳定国民经济和物价水平。

（2）国家外贸政策的需要。如果一个国家的货币在国际市场上的价格较低，则有利于出口。

（3）有些国家的中央银行对外汇市场进行干预是为了抑制国内通货膨胀。

中央银行对外汇市场进行干预的时候，通常会采取以下两种经济手段。

（1）中央银行在外汇市场上买进或卖出外汇，同时在国内债券市场上卖出或买进债券，利用买卖交易使得外汇形成平衡，从而使汇率变动和本国利率保持稳定。

（2）中央银行通过对汇率变动进行查阅、发表声明等影响汇率变化，达到干预市场的目的，这是一种用信号干预市场的方法。

2. 心理因素对汇率的影响

投资者心理是外汇市场上最难把握的一个因素。投资者心理对汇率短期走势的影响很大。而让投资者心理发生变化的因素很多，比如，大众对国际金融市场的预期、投机信息的传播、市场评级和经济新闻等。那么，这些因素是如何先影响投资者的心理，再影响汇率的呢？

（1）市场预期。人们会根据一国的经济增长、货币供应、通货膨胀、外汇储备、政府政策和国际政治经济形势等做出预估和判断。当交易者预估货币汇率会上涨的时候，就会大量买进；当交易者预测汇率会下跌的时候，又会大量抛出。这种因为预期判断产生的大买、大卖，会给外汇市场带来不稳定。

（2）投机信息。外汇交易者的投机行为，会在外汇市场上出现大买、大卖的现象。若汇率看涨，则投资者买入货币；若汇率看跌，则投资者大量地抛出货币。虽然人们掌握的投机信息并不一定全面、准确，但是这种行为的出现同样会使外汇市场出现波动。

（3）经济新闻。新闻舆论具有突发性，有时它会对投资者的心理产生影响。投资者会对新闻信息进行判断，然后做突发性的买进或卖出交易，进而影响外汇市场的稳定。有些未经证实的信息，同样也会对投资者的心理产生干扰，进而对外汇市场产生影响。

运用可行的分析方法，应对外汇市场风云变幻

投资外汇其实就是投资一个国家的经济，而基本面分析正好是关注投资国经济动向的一种途径。基本面分析涉及的内容很多，具体有以下这些。

1. 抓住宏观经济指标

在对基本面进行分析的过程中，最主要的就是利用好各种宏观经济数据及指标，来对一国的经济形势做出综合判断。

除了宏观经济指标之外，其他的一些因素也很重要，如政治因素，它能细致入微地影响经济和市场。要想了解一国政治或社会的有效信息，投资者可以通过在搜索引擎中输入关键字来进行搜索。比如，在搜索引擎中输入"英镑利率"，就能得到各种有关英镑利率的信息，然后选取关键信息阅读，就能掌握英镑利率的行情变化。此外，各大财经网站也会有专门的栏目对实时新闻进行滚动播报，投资者可以对这些新闻进行筛选，找出一些重点信息，这也是影响汇率变动的潜在信息源。

2. 了解各国的中央银行

各国中央银行对货币的影响至关重要，可以影响货币的产生、发展和职能。投资者在投资外汇的时候，了解外汇国中央银行的地位与作用，能够起到事半功倍的作用。

这里，我们对世界上一些中央银行的职能、职责、业务等做下梳理。

（1）中国人民银行（PBC）。中国人民银行作为中央银行，在国务院的领导下，依法独立执行货币政策、履行职责、开展业务，在国家的宏观经济调控中起着非常重要的作用。以下是中国人民银行的一些主要职能。

①起草有关法律和法规；完善相关金融机构的运行规则；发布与履行职责有关的命令和规章。

②依法制定和执行货币政策。

③监督管理银行间同业拆借市场、银行间债券市场、外汇市场、黄金市场。

④防范和化解系统性风险，维护国家金融稳定。

⑤制定人民币汇率政策；维护合理的人民币汇率水平；实施外汇管理；持有、管理和经营国家外汇储备和黄金储备。

⑥发行人民币，管理人民币流通。

⑦经理国库。会同有关部门制定支付结算规则，维持支付、清算系统的正常运行等。

（2）美国联邦储备系统（FRS）。美国联邦储备系统，又称美国联邦储备局，负责履行中央银行的职能。下面对其主要职责和部分职能做简单介绍，如表5-3所示。

表5-3　美国联邦储备系统的主要职责与部分职能

主要职责	部分职能
·制定并实施有关的货币政策 ·对银行机构实行监管，保护消费者的合法信贷权利 ·维持金融系统稳定 ·为美国政府、公众、国内金融机构和外国机构等提供可靠的金融服务 ·发行美联储券，即美元	·通过三种手段实现相关的货币政策 ·监督和指导各个联邦储备银行的活动 ·监管美国本土银行等 ·批准各联邦储备银行的预算及开支 ·行使作为国家支付系统的权力等

（3）欧洲复兴开发银行（EBRD）。它是第二次世界大战之后，由美国、日本及欧洲一些国家政府发起设立的，主要任务是重建并复兴战后的欧洲。目前，该银行主要的作用和职能如下。

①帮助和支持东欧、中欧国家向市场经济转化。

②提供必要的技术援助和人员培训。

③帮助受援国家政府制定非垄断化，非中央集权化及非国有化政策及措施，推动其经济发展。

④为基本建设项目筹集资金。

⑤参与筹建金融机构及金融体系。

⑥支持并帮助筹建工业体系，扶持中小企业发展。

（4）日本银行（BOJ）。日本银行，简称日银。日本银行的主要职能和优势如表 5-4 所示。

表 5-4　日本银行的主要职能和优势

主要职能	优势
·发行纸币现钞，并对其进行管理 ·担任最后贷款者的角色 ·执行与各国中央银行和公共机关之间的国际关系业务 ·收集金融经济信息并对其进行研究	·客户关系稳定 ·资金低成本 ·规模大，成本效率较高

（5）英格兰银行（BOE）。英格兰银行是英国的中央银行，享有在英格兰、威尔士发钞的特权。该行是典型的"发行的银行"——发行货币；"银行的银行"——对其他商业银行进行监督管理并提供服务；"政府

的银行"——代理国库，稳定英镑币值，代表政府参加一些国际性财政金融机构事务。

（6）加拿大中央银行（BOC）。加拿大中央银行旨在推广经济和保障加拿大的财政稳定，是加拿大唯一的发钞银行和发行加拿大元的中央银行，主要负责加拿大货币的发行。

掌握国家宏观经济数据对应的经济特征，然后再结合货币所在国的中央银行的表现，就可以对该国的基本经济情况有一个全面的了解，这能够帮助投资者选择稳定可靠的投资货币。

$ 延伸阅读：美元在外汇市场的表现

　　美元是世界上非常有影响力的货币，这得益于美国经济的发达。美元不仅用在外汇标价中，还是很多国家的外汇储备。有数据显示，全球央行的美元外汇储备有四万多亿，占所有外汇储备的60%，这就使得世界上的很多其他货币在外汇储备上远不如美元。

　　美元之所以在世界上一枝独秀，并不是其本身多么有价值，而是美元代表的价值太高了。美元曾直接与黄金挂钩。"二战"后，布雷顿森林体系（"二战"后以美元为中心的国际货币体系）确认美元可以度量黄金。虽然自从布雷顿森林体系瓦解后，美元与黄金不再有过多的联系，但是美元对黄金的影响并没有消失，这也是一直以来人们对持有美元还这么热衷的一个原因。

　　一直以来，全球经济都在增长，尤其是亚太地区的经济增长更为突出，这种增长也预示着美元的绝对优势将逐渐减弱。当然，美国的世界核心经济地位是不会轻易动摇的。在外汇投资过程中，对美元的关注依然是焦点。那么，该如何关注美元呢？这里就需要提到一个指标——美元指数，它可以很好地判断美元情绪。

　　虽然美元指数可以检测市场对美元的喜好程度，观测美元的情绪变化，但是它不是唯一可以衡量美元价值的工具。

　　关注美国外债也是一个了解美元的视角。那么，什么是美国外债？这就得从美国的经常账户赤字说起。经常账户表现为赤字，则说明进口相关的支出大于出口相关的收入，这种收入与支出的差额越大，说明赤字越大。在赤字变大的时候，美国政府就会采取措施。美国政府一般会通过美联储发行债券来筹集资金以弥补赤字，而海外市场的投资者是美国债券的主要持有者。

但是，美国作为世界上最大的消费经济体，经常发生账户赤字。而且一出现赤字，美国就开始发行债券。久而久之，国外市场上的美元债券就越积越多，这对美国来说也是一个问题。因为如果一直将债券发行下去，又会有多少国外投资者愿意继续购买美国的债券呢？国外市场上的美元债券越多，对美国经济的冲击就越大。比如，1997年6月，日本首相桥本龙太郎建议日本卖出一部分持有的美国国债。就在该言论发表的第二天，道琼斯工业指数下跌了192个点，美国金融市场出现了一系列的波动。尽管之后日本首相对该言论进行了平息，但是依然无法扭转美国金融市场因为海外持有者减持带来的金融动荡的局面。

所以，表面上来看，美元风平浪静，但是美元背后与其他国家千丝万缕的联系可能会让其如履薄冰。

美元世界货币的角色到底会不会退化还不能确定，但是，有美国的经济地位做保证，美元的投资者短期内是不会减少的。

第六章　有效技术分析做助手，轻松把握交易时机

从基础开始，了解技术分析全貌

技术分析中的六大基础理论

通过分析 K 线的买卖信号，及时进行交易

根据长期的价格均线变动，确定买入、卖出点

寻找各种反转图形信号，抓住交易时机

通过研究趋势线的变动来预测外汇市场交易

利用好指标工具，发掘交易时机

延伸阅读：技术分析工具不是万能的

从基础开始，了解技术分析全貌

技术分析主要是利用 K 线图对市场的行为进行研究，以预测市场价格的未来趋势变化。在进行技术分析的时候，一般坚持的是由远及近的原则，即先从长期趋势开始，依次分析月 K 线图、周 K 线图；然后再对较短时期内的 K 线图如日 K 线图、分钟 K 线图等进行分析，以此来研究市场的价格变动趋势。

1. 技术分析的应用基础

技术分析的应用一般是建立在三大假设的基础上的，具体如图 6-1 所示。

图 6-1 技术分析的三大假设

（1）市场行为包容并消化一切，是指市场上已知和未知的各种因素最终都会通过价格趋势反映出来，投资者只要看懂价格的趋势规律，就可以进行相关的交易活动，而不需要去研究基本面的情况。这种假设的出发点是市场供求，只要价格上涨，市场需求就开始增长；价格下跌，市场需求就趋于萎缩。所以，技术分析就是研究价格变化，而供求关系又决定了价格。

（2）价格以趋势方式演变中的"趋势"是技术分析的核心。市场价格图分为有趋势和无趋势两种。如果市场价格形成了一定的趋势，那么价格通常会沿着这一趋势继续演变，反向的可能性较小。

（3）历史会重演，指的是任何投资市场都是人在操作，人类的同一心理活动总是会在不同的时间点再次上演，这就导致了在同样的市场状况下同样的交易行为重复出现的情形。此外，经济是周期性变化的，人类的投资行为会跟随经济周期出现相似的动作。历史会重演并不是指过去的走势会完全重复上演，而是指在现阶段可能会出现与过去相似的走势。

2. 技术分析的分类

技术分析可以分为五种类型，分别是理论分析技术、K 线分析技术、形态分析技术、切线分析技术和指标分析技术，如图 6-2 所示。

理论分析技术	K 线分析技术	形态分析技术	切线分析技术	指标分析技术
道氏理论、波浪理论、江恩理论和亚当理论等	以各种 K 线模式为分析主体，包括单根 K 线、多根 K 线模式，如十字星和太阳线等	以价格形态为分析主体，包括反转形态、各种持续形态等	趋势线、通道线、支撑线、阻力线和黄金分割线等	移动平均线、MACD 线、KDJ 线和 BOLL 线等

图 6-2　技术分析的五种类型

3. 技术分析的基本工具

线形图和 K 线图是技术分析的两个基本工具。线形图就是分时走势图，K 线图就是日 K 线图、周 K 线图和月 K 线图等。

（1）线形图，实质就是价格的分时走势图。

（2）K 线图，是一条柱状的线条，依据某个时间段的开盘价、收盘价、最高价和最低价绘制而成。K 线图由实体和影线组成，并且四组数据占据各个位置。K 线图的实体分为阳线和阴线：当实体为红色或白色的时候，称为阳线；当实体为绿色或黑色的时候，称为阴线。实体中各部分都有自己相应的名称，如图 6-3 所示。

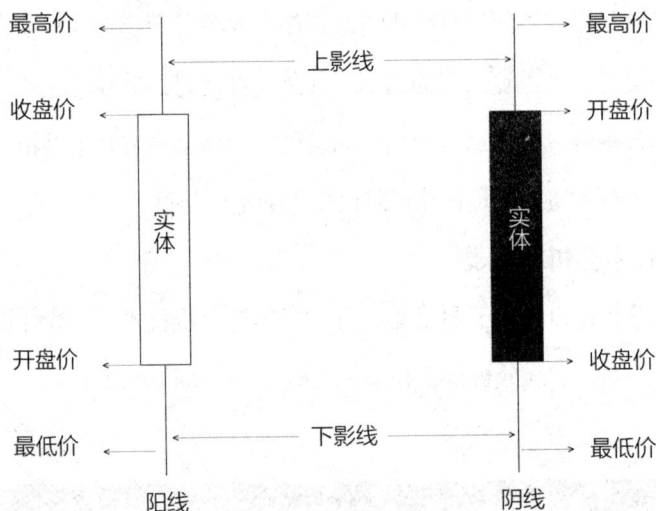

图 6-3　K 线图

K 线图可以分为三种，分别是阳线、阴线和同价线。阳线可以分为大阳线、中阳线和小阳线；阴线可以分为大阴线、中阴线和小阴线，如图 6-4 所示。

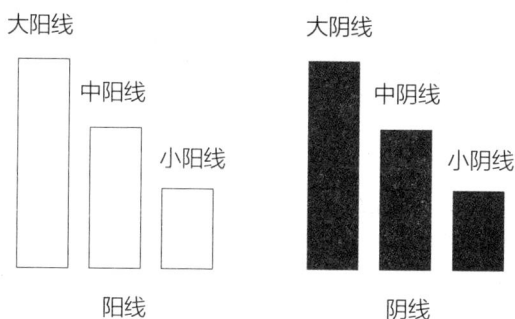

图 6-4　K 线图的分类

同价线是指开盘价等于收盘价的一种特殊形式的 K 线，常以"十"字形、"T"字形表现出来，所以同价线又称十字线或 T 字线。同价线按上影线和下影线的长短有无，可以分为长十字线、十字线、T 字线、倒 T 字线和一字线，如图 6-5 所示。

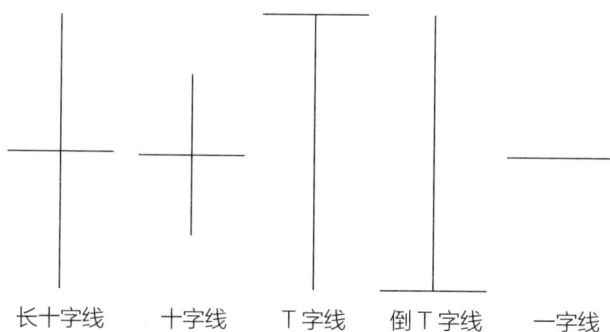

图 6-5　同价线的分类

如果依据时间对 K 线进行细分，可以分为日 K 线、月 K 线和年 K 线；还可以依据一日内的交易时间，将 K 线分为 1 分钟 K 线、3 分钟 K 线、15 分钟 K 线、30 分钟 K 线、60 分钟 K 线和 4 小时 K 线等。这些不同的 K 线，反映的都是相应时间段内的价格变化趋势。

技术分析中的六大基础理论

技术分析，即对汇率变化的实时动态趋势图进行的分析。在做技术分析之前，需先对技术分析要用到的一些基础理论进行学习和掌握，这有助于投资者做出更好的判断。

1. 艾略特波浪理论

艾略特波浪理论是美国证券分析师艾略特的杰作，其是一种价格趋势分析工具，主要通过观察周期循环的波动规律来分析和预测市场价格的未来走势，如图 6-6 所示。

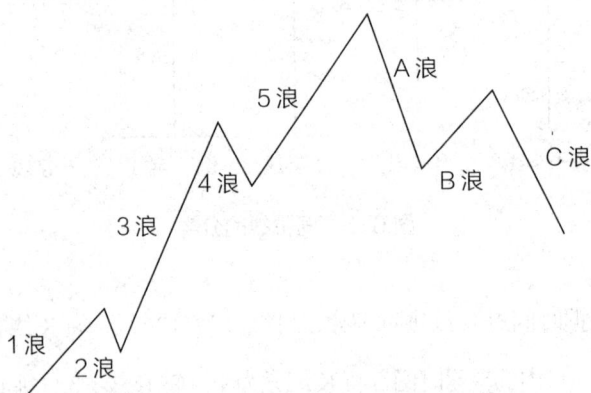

图 6-6　艾略特 8 波浪示意图

波浪理论有 3 个基本法则和 4 个基本特点，具体如表 6-1 所示。

表 6-1　波浪理论的基本法则和基本特点

基本法则	基本特点
·第 2 浪的最大回撤不低于第 1 浪 ·第 3 浪永远不是 3 个驱动浪（第 1 浪、第 3 浪、第 5 浪）中最短的一个浪。在股价的实际走势中，第 3 浪是最有爆炸性的一浪，也经常会成为最长的一个浪 ·第 4 浪的底部不可以低于第 1 浪的浪顶	·股价的上升和下跌将会交替出现 ·推动浪和调整浪是价格波动的两个基本形态，推动浪可以分为 5 个小浪，调整浪可以分为 3 个小浪 ·8 个浪完毕之后，一个价格循环即告完成，走势将进入下一个 8 波浪循环。时间的长短不会改变波浪的形态，市场会依照基本形态发展

在用波浪理论推测市场的升幅和跌幅时，可采取黄金分割率①和神秘数字来计算。一个上升浪可以是上一个高点的 1.618，下一个高点又再乘以 1.618，以此类推。下跌浪也是如此，一般常见的回吐幅度比率有 0.236（0.382×0.618）、0.382、0.5、0.618 等。

2. 道氏理论

道氏理论被称为技术研究的鼻祖，其有非常重要的 3 个假设。

（1）人为操作。即指数或证券每天、每周的波动都是人为操作的结果，次级折返走势也可能每天都受到这方面的影响。

（2）市场指数会反映每一条信息。即每一位对金融事务有所了解的

---

① 黄金分割率：又称斐波那契比率，由意大利著名的数学家莱昂那多·斐波那契发明。他发现这样一组数据：1，1，2，3，5，8，13，21，34，55，89，144……它们之间的规律是：2＝1+1，3＝2+1，5＝3+2。当用一个数字除以相邻的数字时，都会得到 0.618，如 34÷55＝0.618 等。如果用某个数字除以它之后的第二个数字，则会得到 0.382，如 34÷89＝0.382。这里的 0.618 和 0.382 就是黄金分割线。

市场人士的所有的希望、失望与知识都会反映到股票指数上，因此，市场股票指数永远会适当地预测未来事件的走势。

（3）该理论是客观化的分析理论。要想利用道氏理论成功地进行投资与投机，就需要对行情进行深入研究和客观判断。但如果从主观方向出发使用该理论，那么就会不断出错和亏损。

道氏理论的基本观点是，指数在任何市场中都有三种趋势：短暂趋势（持续数天至数周）、次要趋势（持续数周至数月）和主要趋势（持续数月至数年）。这三种趋势必然会同时存在于市场中，只是彼此方向可能会相反。

①短暂趋势。最重要，最容易辨认、归类和了解，是投资者主要的考量。

②次要趋势。对投资者较次要，却是投机者主要考虑的对象。与主要趋势的方向可能相反或相同。如果次要趋势严重背离主要趋势，则被视为次级的折返走势或修正。

③主要趋势。最难测算，唯有交易者才会考虑它。投机者与投资者仅在少数情况下会考虑短暂趋势，以寻找适当的买卖机会。

利用道氏理论进行技术分析的时候通常有六种方法，如图6-7所示。

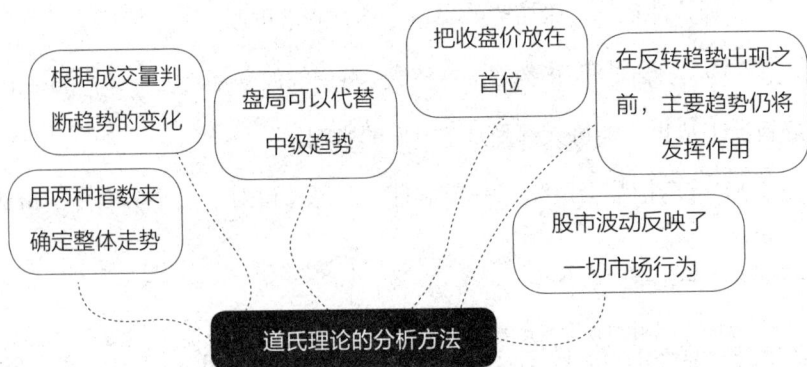

图6-7　道氏理论的分析方法

3. 斐波那契比率的概述

斐波那契比率又称黄金分割率，这是一种非常古老的数学方法，在各个领域都有使用，交易员也将其应用到了市场交易中。在 K 线图中，斐波那契比率实际上就是波浪与波浪之间的比例。

斐波那契比率下延伸出了斐波那契回调线和斐波那契扩展线（在实际交易过程中，交易软件都会自动地计算出这些数据，无须交易者自行计算），如表 6-2 所示。

表 6-2 斐波那契比率

斐波那契回调线	斐波那契扩展线
0.236，0.382，0.500，0.618，0.764	0，0.382，0.618，1.000，1.382，1.618

那么，斐波那契比率到底有什么作用呢？在实际的交易中，交易者使用斐波那契回调线作为支撑和阻力水平，如图 6-8 所示。

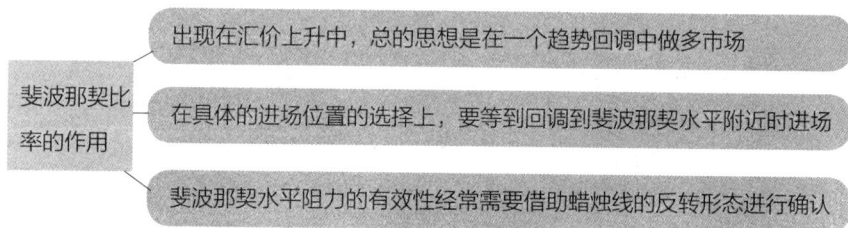

斐波那契比率的作用
- 出现在汇价上升中，总的思想是在一个趋势回调中做多市场
- 在具体的进场位置的选择上，要等到回调到斐波那契水平附近时进场
- 斐波那契水平阻力的有效性经常需要借助蜡烛线的反转形态进行确认

图 6-8 斐波那契比率的作用

此外，斐波那契扇形线、斐波那契通道和斐波那契时间周期线，都是斐波那契理论的一部分，它们都是与价格变动位置有关的理论。

4. 轴心点系统的运用

轴心点理论的普适性强，既可以被在某一时间段内进行区间交易的投资者使用，以确认其潜在的反转点；也可以被突破[①]上下限制以求交易的交易者使用，以确认趋势的关键突破位置。

轴心点系统由轴心、第一支撑阻力和第二支撑阻力组成，根据最近一个交易区间的开盘价、最高价、最低价和收盘价的计算得出。轴心点的位置计算公式为（式中，High 指最高价，Low 指最低价，Close 指收盘价）：

$$Pivot\ Points（PP）=（High+Low+Close）÷3$$

第一支撑阻力为：

$$First\ Support（S1）=2×PP-High$$
$$First\ Resistance（R1）=2×PP-Low$$

上述公式中，S 指支撑，R 指阻力。

第二支撑阻力为：

$$Second\ Support（S2）=PP-（High-Low）$$
$$Second\ Resistance（R2）=PP+（High-Low）$$

轴心点是一种基于前一交易日价格走势的技术，专业交易者和造市商会采用该技术来确定自己的入场点和离场点。对外汇投资初学者而言，可

----

① 突破：指突破盘整行情。

以先确定交易日的趋势，再根据轴心点确定自己的入场点和离场点。

5. 蒂娜交易的三种策略

蒂娜交易策略分为三方面的内容，具体如表 6-3 所示。

表 6-3　蒂娜交易的三种策略

蒂娜薄利交易策略	蒂娜消息交易		蒂娜趋势交易
要素：市价上涨到阻力位时抛空，市价下跌到支撑位时买进	基础：数据、重要的经济时间		货币对：EUR/USD、EUR/CHF、EUR/GBP、USD/CHF、USD/CAD、GBP/USD、GBP/JPY
适合的货币对：选择波动性较稳的货币对	策略：掌握数据发布的时间，采取合理的行动		进场时间：在建立头寸的一周内入场交易，一般前三周收集数据，接下来的一周就是交易周
最佳时间段：北京时间 5:00 ~ 14:00	查看财经日历：交易者尽量在周末的时候查看下周的财经日历，然后制订下周的交易时间、品种和步骤等	扩展到日内交易：利用周交易的交易步骤进行日内交易，能够实现更多的交易	
	关键的基本面数据：特定的基本面数据会导致市场的大幅波动，要关注失业率、CPI、利率和通货膨胀率等		

6. 选择交易时间框架

交易时间框架就是交易者完成一次交易更偏好于使用多久的时间。外汇交易者的时间框架对交易者来说至关重要，而不同的交易者有不同的时间框架偏好。时间框架一般有长期、中期和短期之分，长、中、短之间是五倍的关系，具体如表6-4所示。

表6-4 交易时间框架

交易时间框架	具体内容	
长期交易时间框架	使用趋势指标判断市场趋势和方向，决定做多与做空，是战略决策	趋势与方向向下，则只可做底背离的反弹
		趋势与方向向上，在中期框架上寻找做多的机会
中期交易时间框架	运用震荡指标和支撑、阻力位指标来确定	做出决策之后，在120分钟的交易时间内，根据5分钟、15分钟和30分钟等短期时间框架下单交易
		所有的买卖决策都需要在中期框架中做出，如此才能参考相应的短期交易框架
短期交易时间框架	在市场不稳定的时候，短线交易更可靠	

通过分析 K 线的买卖信号，及时进行交易

K 线反映外汇价格的变动走势。我们可以利用各种分析技术对其进行分析，做到对 K 线的各种形态有一个很好的把握，以辨别市场行情的多空能量变化，预测市场未来的价格走势。

1. 运用 K 线的意义与注意点

K线作为一个阴阳交错的价格走势图，事实上包含着一些重要的因果关系。这是因为在K线图上，前一个交易日的"果"就是当前交易日的"因"，而当前交易日的"果"又是下一个交易日的"因"，这种因果关系的存在，才使投资者有了判断价格走势的依据。

K线是市场投资群体的心理因素的集中反映，这会给投资者带来很多主观判断空间。对投资者而言，只能将K线作为参考，不可身陷其中，因为K线也有一些缺点，它可能会发出错误的信号而误导投资者，因此投资者需要谨慎对待。

2. 见底信号的 K 线组合

见底信号是 K 线组合中的一种重要形态，其又可以细分成如下形态。

（1）早晨十字星与早晨之星，如表 6-5 所示。

表6-5 早晨十字星与早晨之星

名称	特征	技术含义	图例
早晨十字星（又称希望十字星）	出现在下跌趋势中，由三根K线组成，第一根K线为阴线，第二根K线为十字星，第三根K线为阳线，且第三根K线实体深入第一根K线实体之内	价格大幅回落后无力再创新低，见底回转，是反转信号	
早晨之星（又称希望之星）	与早晨十字星相似，但第二根K线是小阳线或者小阴线	见底回升信号，信号不如早晨十字星强	

（2）平底和塔形底，如表6-6所示。

表6-6 平底和塔形底

名称	特征	技术含义	图例
平底（又称钳子底）	出现在下跌趋势中，由两根或者两根以上的K线组成，这些K线的最低点在同一个水平位置	见底回升信号，出现在较大的跌势之后，反转的可能性较大	
塔形底	出现在下跌行情中，价格在拉出长阴线后，跌势开始趋缓，出现一连串的小阴线和小阳线，随后出现一根大阳线，确立升势	价格经过大幅回落后在低位形成一种暂时的平衡，经过一段时间的调整后，价格在多方力量的作用下开始反攻向上	

（3）好友反攻、曙光初现和旭日东升，如表6-7所示。

表6-7　好友反攻、曙光初现和旭日东升

名称	特征	技术含义	图例
好友反攻	出现在下跌趋势中，由一阴一阳两根K线组成。第一根是大阴线，接着跳空低开，收盘时在第一根大阴线收盘价附近或相同位置上出现一根中阳线或大阳线	见底信号，预示价格反转，提示投资者不要盲目看空	
曙光初现	出现在下跌趋势中，由一阴一阳两根K线组成。先是一根大阴线或中阴线，再是一根大阳线或中阳线。并且阳线实体深入阴线实体二分之一以上的位置	阳线实体深入阴线实体的部分越多，反转信号越强	
旭日东升	出现在下跌趋势中，由一阴一阳两根K线组成。先是一根大阴线或中阴线，接着是一根高开的大阳线或中阳线，并且阳线的收盘价高于前一根阴线的开盘价	阳线实体高出阴线实体的部分越多，反转信号越强	

（4）锤头线和倒锤头线，如表6-8所示。

表6-8 锤头线和倒锤头线

名称	特征	技术含义	图例
锤头线	出现在下跌趋势中，阳线或阴线的实体很小，下影线大于或等于实体的两倍，一般没有上影线	锤头实体越小、下影线越长，止跌作用越明显；价格下跌时间越长、幅度越大，锤头线见底信号越明确；阳线锤头的力度大于阴线锤头的力度	
倒锤头线	出现在下跌趋势中，形状类似一个倒转的锤头	在下跌趋势中有止跌回升的意义，与早晨之星同时出现时，行情向上反转的可能性会更大	

3. 上升形态的 K 线组合

（1）红三兵和多方尖兵，如表6-9所示。

表6-9 红三兵和多方尖兵

名称	特征	技术含义	图例
红三兵	在上涨趋势中，出现三根连续创新高的小阳线，三个小阳线收于最高点或接近最高点时，称为"白色三武士"，作用强于普通的红三兵	价格上涨的信号	
多方尖兵	出现在价格上涨趋势中，遇到空方打击，出现一根上影线，价格回落调整，但在多方的再一次攻势中，价格穿越了前面的上影线	价格会继续上涨	

（2）下探上涨型和上涨三颗星，如表6-10所示。

表6-10 下探上涨型和上涨三颗星

名称	特征	技术含义	图例
下探上涨型	在上涨行情中，价格突然低开，但是却以大阳线报收，形成先下跌后上涨的形态	预示后面有一段较好的行情	
上涨三颗星	在上涨的初、中期出现，由一大三小四根K线组成	表明涨势仍然会继续	

（3）升势乌鸦和两红夹一黑，如表6-11所示。

表6-11 升势乌鸦和两红夹一黑

名称	特征	技术含义	图例
升势乌鸦（又称上升三部曲）	出现在上升趋势中	一种买入信号	
两红夹一黑	三根K线的中轴基本在一个水平位置，两根阳线的实体长于阴线的实体	出现在跌势中，表示价格暂时止跌，有可能见底回升；出现在上涨趋势中，特别是上涨初期，表示价格经过短暂的休整，会继续上涨	

4. 见顶信号的K线组合

（1）黄昏十字星和黄昏之星，如表6-12所示。

表6-12　黄昏十字星和黄昏之星

名称	特征	技术含义	图例
黄昏十字星	价格经过一段时间的上涨之后，向上跳空开盘，开盘价与收盘价相同或非常相近，并且留有上、下影线，形成一颗十字星，在第二天跳空拉出一根下跌的阴线	价格经过大幅上涨后，无力再创新高，呈现见顶回落态势，明显的见顶信号	
黄昏之星	出现在上升趋势中，由三根K线组成	价格见顶的信号，预测价格下跌的可靠性较高	

（2）平顶和塔形顶，如表6-13所示。

表6-13　平顶和塔形顶

名称	特征	技术含义	图例
平顶（又称钳子顶）	出现在上涨行情中，由两根或两根以上的K线组成，这些K线的最高价在同一个高度	价格在上涨或反弹过程中，到达某个位置时不再上涨，开始回调，回调后再次到达这个位置，但是没有突破，是见顶回落信号，预示价格下跌的可能性较大	

续表

名称	特征	技术含义	图例
塔形顶	出现在上涨趋势中，先拉出一根大阳线或中阳线，然后是一些上升的小阳线或小阴线，升速较缓，再是向下的小阴线或小阳线，最后是一根大阴线或中阴线	出现在上涨趋势中，是见顶信号，投资者需及时抛空出局为妙	

（3）淡友反攻、乌云盖顶和倾盆大雨，如表 6-14 所示。

表 6-14　淡友反攻、乌云盖顶和倾盆大雨

名称	特征	技术含义	图例
淡友反攻	出现在上升行情中，由两根 K 线组成，第一根是大阳线跳空高开，收盘时收了一根中阴线或大阴线，且收在前一根大阳线收盘价附近	价格连续上涨之后，空方开始大力反击，趋势反转向下	
乌云盖顶	出现在上升行情中，由两根 K 线组成，第一根是大阳线，接着高空跳开，收盘时只收了一根中阴线或大阴线，且阴线实体深入阳线实体二分之一以上	见顶信号，表示价格上升势头已过，跌势开始	
倾盆大雨	价格出现了一波升幅之后，先出现一根大阳线或中阳线，再是一根低开低收的大阴线或中阴线，其收盘价比前一根阳线的开盘价要低	不利信号，多头应及时退出，空头逢高进场	

（4）射击之星和吊颈之星，如表6-15所示。

表6-15 射击之星和吊颈之星

名称	特征	技术含义	图例
射击之星	在上涨行情中，已有一段升幅，阳线或阴线实体很小，上影线大于或等于实体的两倍，一般没有下影线，有也可忽略不计	明显的见顶信号，暗示价格可能由升转为跌	
吊颈之星（又称绞弄线）	出现在上涨行情的末端，阳线或阴线的实体很小，下影线大于或等于实体的两倍，一般没有上影线，即使有，也可忽略不计	明显的见顶信号	

5. 下降形态的 K 线组合

（1）黑三兵和空方尖兵，如表6-16所示。

表6-16 黑三兵和空方尖兵

名称	特征	技术含义	图例
黑三兵	连续出现三根小阴线，其中小阴线的最低价一根比一根低	如果在上升行情中，特别是价格有了较大的升幅之后出现，暗示行情要转为跌势；如果在下跌行情中，特别是在价格已有一段较大的跌幅或连续急跌之后出现，暗示探底行情短期内将结束，升势有望	

名称	特征	技术含义	图例
空方尖兵	价格在下跌过程中遇到多方反抗，出现一根下影线，价格随之反弹，但空方又发动了一次攻势，价格穿越了前面的下影线	价格还会下跌	

（2）阵势三鹤和两黑夹一红，如表 6-17 所示。

表 6-17　阵势三鹤和两黑夹一红

名称	特征	技术含义	图例
阵势三鹤（又称"下降三部曲"）	由五根 K 线组成，走势类似英文字母"N"	看跌趋势中出现三连阳，为卖出信号，投资者应及时观望出局	
两黑夹一红	左右两边是阴线，中间是阳线，且三根 K 线的中轴基本在同一位置	在下跌行情中，表示价格经过短暂调整之后继续下跌；在上涨行情中，表示价格升势已尽，很有可能见顶回落	

6. 不确定形态的 K 线及组合

（1）大阳线和大阴线，如表 6-18 所示。

表6-18　大阳线和大阴线

名称	特征	技术含义	图例
大阳线	实体较长的阳线，可以出现在任何情况下	若出现在价格上升明显的趋势中，对行情起到主推作用，表示价格有继续向上升高的倾向；若处在价格下降的趋势中，可能是主力的一种诱多信号，多半表示反弹行情。实体越长，多方力量越强，上涨力度越大	
大阴线	实体较长的阴线，可以出现在任何情况下	力度大小与实体长短成正比。大阴线的出现，对多方来说是一种不祥的预兆	

（2）长十字线和螺旋线，见如表6-19所示。

表6-19　长十字线和螺旋线

名称	特征	技术含义	图例
长十字线	开盘价和收盘价基本相同，上影线和下影线特别长	转势信号，意味着行情会逆转	
螺旋线	可以出现在涨势中，也可以出现在跌势中，开盘价与收盘价很接近，实体可以为小阳线，也可以为小阴线，上下影线特别长	转势信号。在价格有一段较大趋势的上涨行情中，可以起到领跌的作用；在价格有一段较大趋势的下跌行情中，可以起到领涨的作用	

根据长期的价格均线变动，确定买入、卖出点

均线即一定交易时间内价格的移动平均线，是反映价格运行趋势的一个重要指标。均线分析作为一项比较灵活的技术分析手段，很好地体现了道氏理论在实践中的应用，同时均线分析也是对 K 线分析的一个补充。均线分析因其直观的表示方法和简单易学、易懂的特点，在外汇交易中被经常应用。

1. 均线的分类与特性

均线是价格的一种直观反映。至于均线是如何得来的，我们看一个例子。比如 5 日均线，我们将 5 日内的收盘价求和，然后再求平均数，得出 5 日的平均数，然后将这些平均数按先后顺序连接在一起，形成一条线，这条线就叫作这 5 日的移动平均线，如图 6-9 所示。

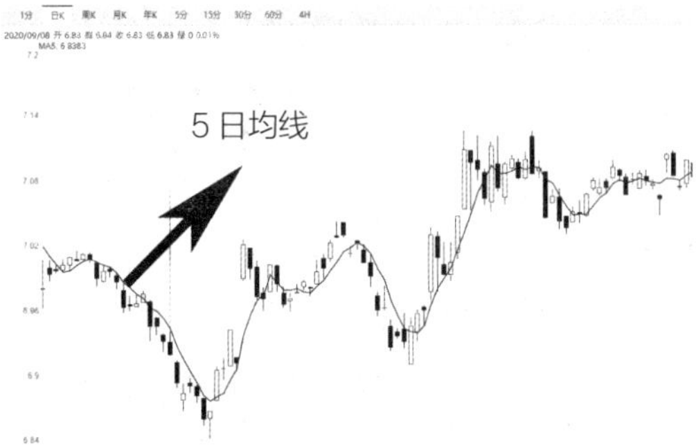

图 6-9　5 日移动平均线

（1）均线的分类。均线按时间段的不同可以分为不同的类型。常用的均线类型及其含义如表6-20所示。

表6-20　均线的类型及其含义

类型		含义
短期均线	5日均线	1周交易的平均价格，是较常用的判断依据。只要价格在5日内不跌破均线，就说明价格处于极强的状态
	10日均线	又称半月线，是连续两周交易的平均价格，是研究半个月内价格变动的参考。只要价格不跌破10日均线，就说明价格处在强势状态
	20日均线	又称月线，反映过去一个月的平均交易价格，是短期走势向中期走势演变的中继线
中期均线	30日均线	短期均线和中期均线的分界线，使用频率非常高，常与其他均线组合使用。价格若没跌破30日均线，说明短期主力仍在其中
	60日均线	也称季度线。是一条比较常用的、标准的中期线，对研究中期价格的变动具有很好的作用
长期均线	120日均线	又称半年线。在长期均线组合中的使用频率较高，此线可以用来观察长期价格的走势
	250日均线	又称年线，反映市场运行一年后的平均交易价格，是市场长期走势的生命线。价格若突破250日均线，则意味着市场长期主力进场；价格若跌破250日均线，则说明长期主力仍然存在

（2）均线的特征。均线除了类型多样外，也有其自身的一些特性。

①平稳性。由平均值计算而来的均线，起落比较平稳。

②趋势特性。反映价格的变动趋势，具有趋势性。

③助涨性。在上涨趋势中，均线可以看成是一条防线，具有助涨特性。

④助跌性。在下跌趋势中，均线可以看成是空方的防线，具有助跌特性。

⑤安定性。越长期的均线，越能展现安定性，即价格在涨势明确后，均线就会向上走；价格若下降显著，那么均线会向下走。

此外，均线在实际运用的过程中还会出现顶背离和底背离的现象。

（1）顶背离。短期均线向下突破中期均线时，其运行方向与长期均线的运行方向相反，形成顶背离。

（2）底背离。当短期均线向上突破中期均线时，其运行方向与长期均线的运行方向相反，形成底背离。

2. 见底信号的均线形态

在对均线进行分析前，我们先了解一下各种均线的表示方法："—"表示短期均线；"…"表示中期均线；"---"表示长期均线。

（1）黄金交叉和银山谷，如表6-21所示。

表6-21　黄金交叉和银山谷

形态	特征	技术含义	图例
黄金交叉	出现在上涨初期，由两根均线组成，一根时间短的均线从下面向上穿过一根时间较长的均线，且时间长的均线是向上移动的	出现在大幅下跌后，是明显的见底信号；交叉角度越大，见底信号越明显	

续表

形态	特征	技术含义	图例
银山谷	出现在上涨初期，由三根均线交叉组成，是一个尖头向上的不规则三角形	尖头向上三角形的出现，表明集聚强大的上攻能量，是一个见底信号	银山谷

（2）加速下跌形和蛟龙出海，如表6-22所示。

表6-22　加速下跌形和蛟龙出海

形态	特征	技术含义	图例
加速下跌形	出现在下跌趋势后期。在加速下跌时，短期均线和中期、长期均线的距离开始越拉越大	止跌见底信号，表示下跌能量一下子得到较充分的释放，显示出止跌迹象	
蛟龙出海	大阳线拉出，将短期、中期、长期均线吞吃	见底信号	

3. 做多信号的均线形态

（1）多头排列和金山谷，如表6-23所示。

表6-23　多头排列和金山谷

形态	特征	技术含义	图例
多头排列	在上涨趋势中，由三根均线组成，由上到下分别是短期、中期和长期均线，三根均线呈向上圆弧状	在初期，可以考虑做多；到了后期，做多就需要谨慎对待	

续表

形态	特征	技术含义	图例
金山谷	出现在银山谷之后，为不规则向上三角形，与银山谷类似	买入信号，可靠性较强	金山谷 银山谷

（2）首次向上黏合发散形和再次向上黏合发散形，如表6-24所示。

表6-24　首次向上黏合发散形和再次向上黏合发散形

形态	特征	技术含义	图例
首次向上黏合发散形	出现在下跌后的横盘末期或上涨后的横盘末期，几根黏合的均线以喷射状向上发散	黏合时间越长，向上发散越大；发散时，均线距离越大，回调风险越高	
再次向上黏合发散形	第二次的黏合向上发散	买入的好时机。买入后，做多的可能性较大	

（3）上山爬坡形和逐浪上升形，如表6-25所示。

表6-25　上山爬坡形和逐浪上升形

形态	特征	技术含义	图例
上山爬坡形	出现在上涨趋势中，短期、中期、长期均线基本沿着相似坡度向上爬行	表明价格有一段持续的升势，碰到此图时做多，直到这种形态消失	

续表

形态	特征	技术含义	图例
逐浪上升形	出现在上涨趋势中，短期均线和中期均线上移时多次出现价差现象，长期均线以倾斜状拖着短期均线和中期均线攀升，逐浪上行	买入信号，买进后要掌握好卖出时机	

4. 见顶信号的均线形态

（1）死亡交叉与死亡之谷，如表 6-26 所示。

表 6-26　死亡交叉与死亡之谷

形态	特征	技术含义	图例
死亡交叉	出现在下跌初期，一根时间较短的均线由上向下穿过一根时间较长的均线，且时间较长均线呈向下移动状态	出现在价格大幅上涨之后，是明显的见顶信号	
死亡之谷	出现在下跌初期，由三根均线交叉组成，形成一个尖头向下的不规则三角形	见顶信号，表示空方积聚了强大的力量，比死亡交叉的见顶信号强	死亡之谷

（2）加速上涨形和断头镰刀，如表 6-27 所示。

表6-27　加速上涨形和断头镰刀

形态	特征	技术含义	图例
加速上涨形	出现在上涨后期，在加速前，均线是缓慢上升的	见底信号，让价格急速转头向下	
断头镰刀	出现在上涨初期或高速盘整期，一根大阴线会将短期、中期、长期均线切断，收盘价会处在均线下方	明显的见顶信号，一轮大的跌势可能会到来，对多方不利	

5. 做空信号的均线形态

（1）空头排列、首次黏合向下发散形和再次黏合向下发散形，如表6-28所示。

表6-28　空头排列、首次黏合向下发散形和再次黏合向下发散形

形态	特征	技术含义	图例
空头排列	出现在下跌趋势中，由三根均线组成，最上面是长期均线，中间是中期均线，下面是短期均线，三根均线呈向下圆弧状	初期和中期，主要是做空；后期做空需要谨慎对待	
首次黏合向下发散形	出现在上涨后或下跌后的横盘期，几根黏合在一起的均线以喷射状向下发散	黏合时间越长，向下发散的力度越大	

续表

形态	特征	技术含义	图例
再次黏合向下发散形	第二次的黏合向下发散，少数情况下也会有三四次	黏合时间越长，向下发散的力度越大	

（2）下山滑坡形和逐浪下降形，如表6-29所示。

表6-29　下山滑坡形和逐浪下降形

形态	特征	技术含义	图例
下山滑坡形	出现在下跌趋势中，短期、中期、长期均线几乎沿着同一坡度往下移动	表明价格有一段时间的下跌，要敢于逢高做空	
逐浪下降形	出现在下跌趋势中，短期和中期均线在下降时会出现多次的交叉，长期均线则以斜线的形式压着短期和中期均线一浪一浪向下走	表明价格整体呈下降趋势，往往是以退二进一的方式下滑	

寻找各种反转图形信号，抓住交易时机

在外汇交易中，价格形态分析也是重要的分析工具。价格形态可以直观地表示外汇市场的阴晴风雨，将市场的走势呈现在投资者面前。各种价格的上涨或下跌会呈现出一些特殊的形态，而这些形态对投资者来说，就是研究市场、抓住交易时机的重要工具。

1. 价格形态的确立

在时间的作用下，价格在变化的过程中会有从一种趋势向另一种趋势转换的势头。如果这种转换能够成功，那么就形成了反转形态；如果转换半途夭折，那么趋势还将继续保持，也就是呈持续形态。因此，价格趋势有反转和持续两种形态，如表 6-30 所示。

表 6-30 价格趋势的形态

形态	含义	特征
反转形态	趋势正在发生重大改变，形式有头肩顶（底）、双顶（底）等；是多种空方力量对比失衡的结果，一方能量被耗尽，一方能量新生；是重要的买入和卖出信号	·只有事先存在趋势，才会有后续的反转 ·以突破重要的趋势线为前兆 ·形态的规模越大，市场动作越大 ·顶部形态比底部形态持续的时间短，但波动性更强 ·成交量一般顺着市场趋势的方向向上增长

续表

形态	含义	特征
持续 形态	价格维持原有运动轨迹的趋势。由于市场惯性,价格保持原有趋势的能量更强	一般不超过3个月,多数出现在日K线图上

2. 反转形态的种类

反转形态主要有顶部反转和底部反转两种反转形态,具体分类如下。

(1)头肩形反转形态,是最著名、最可靠的反转形态之一。在该形态中,左右肩的高度相差无几,同时头高于两肩,如图6-10所示。

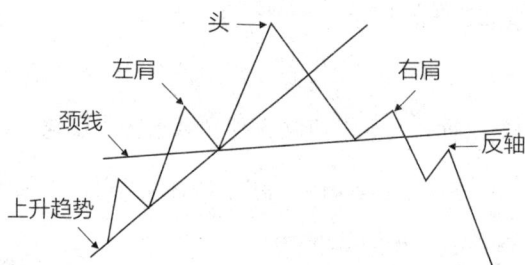

图 6-10 头肩形反转形态

利用头肩形反转形态可以测算下跌的目标价格,如图6-11所示。

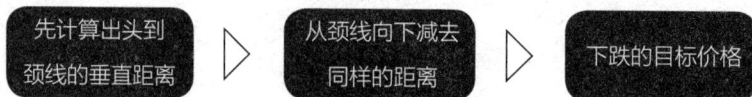

图 6-11 利用头肩形反转形态测算下跌的目标价格

比如,在头肩形反转形态中,头的位置是100,颈线的位置是80,那么下跌的目标价格就是：80-（100-80）=60（这是下跌的最小目标价格，实际下跌经常会超过这个价格）。

最大目标价格会是原先趋势的整个范围，假设原先的市价从10上升到60，那么下跌的最大目标还是10，即遵从"从哪里来，到哪里去"的原则。

（2）其他肩形反转形态，如表6-31所示。

表6-31 其他肩形反转形态

形态	含义	图例
倒头肩形（又称头肩底）	有三个清楚的低点，头是低于两肩的	
复杂头肩形	双头，双左肩或双右肩	
流产头肩形	价格向下或向上突破颈线，价格会逐渐恢复到原来的趋势	

（3）三重顶和三重底，如表 6-32 所示。

表 6-32 三重顶和三重底

形态	含义	图例
三重顶	头肩形的变形，三个高点在同一水平位置，当前两个低点价格被突破后，形态完成	
三重底	与三重顶成镜像，三个低点处于同一个水平位置，价格突破颈线后，形态完成	

（4）双重顶和双重底，如表 6-33 所示。

表 6-33 双重顶和双重底

形态	含义		图例
双重顶（又称M顶）	两峰不需要在同一水平线上，第二峰高于第一峰并不一定是牛市	双峰之间持续的时间越长、越有高度，未来的反转潜力就越大	
双重底	是双重顶的镜像，向上突破颈线，成交量会放大，之后价格一般会回调		

（5）V形反转形态，如表6-34所示。

表6-34　V形反转形态

形态	含义	图例
V形反转形态	强烈的市场反转信号，趋势转变得出乎意料，之后剧烈运动。下跌趋势中碰到v形底，价格会有大幅反弹；上升趋势中的V形底，逢低做多会有大收益	

3. 持续形态的种类

（1）三角形形态，如表6-35所示。

表6-35　三角形形态

形态	解释	技术含义	图例
对称三角形	有两条逐渐聚拢的趋势线，上面的直线向下倾斜，下面的直线向上倾斜，左侧垂直虚线表示垂直高度	价格运行时间一般为1个月左右，最长不超过3个月	
上升三角形	下边线向上倾斜，上边线保持水平	看涨形态	

形态	解释	技术含义	图例
下降三角形	上升三角形的镜像，上边向下倾斜，下边线保持水平	下跌形态，卖方比买方更积极主动	

（2）旗形和矩形形态，如表 6-36 所示。

表 6-36　旗形和矩形形态

类型	含义		图例
旗形形态	形状类似于平行四边形或矩形，由两条相互平行的趋势线围成	通常出现在市场急剧变动之后，表示趋势的短暂休整	
矩形形态	两条平行线将市场价格限制在一定空间内进行盘整，矩形区域是交易密集区	在盘整期间不宜介入。如果向上突破，则采取做多策略；如果向下突破，则采取做空策略	

通过研究趋势线的变动来预测外汇市场交易

外汇市场的价格虽然变化莫测，但是仔细观察后会发现，外汇市场的价格遵从一定的规律在变化。对外汇价格的这种变化规律进行研究，掌握价格的变化趋势，就能把握交易时机，成为外汇市场的赢家。

1. 认识价格趋势

价格在 K 线上的运动轨迹呈一定的方向，事实上，这种价格的波动方向就是市场运动的方向，表现为上升或下降的趋势。趋势的方向一般有三种：上升趋势、横向趋势和下降趋势，如表 6-37 所示。

表 6-37　价格趋势

种类	解释	技术含义	图例
上升趋势	随着时间的推移，在 K 线图中，每个价格高点和低点依次上升，形成价格的上升运动趋势	如果波峰和波谷不断抬高的现象中断，则上升趋势接近结束	

续表

种类	解释	技术含义	图例
横向趋势（又称水平趋势）	随着时间的推移，K线图中的价格处于平稳状态，在两条水平线之间进行折返运动	只有当价格突破上面的阻力线或下面的支撑线时，才能看到市场的真正走向	
下降趋势	随着时间的推移，K线图中的每个价格高点和价格低点依次下降	当这种波峰和波谷不断降低的现象中断时，意味着下降趋势将要结束	

2. 趋势线的分析技巧

进行趋势分析时，一般是通过绘制趋势线来判断价格走向的。

（1）趋势线的确认，如表6-38和图6-12所示。

表6-38　趋势线的确认

类型	确认规则
上升趋势线	·将相隔较远的两根K线底部连成一条直线而得到 ·对价格起到支撑作用，若价格下跌到此线附近，该线就发挥作用，撑住价格止跌回升 ·价格在趋势线附近回调的地方，是做多的时机
上升趋势线	·将相隔较远的两根K线的顶部连成一条直线而得到 ·对价格有压制作用，当价格反弹到此线附近时，该线就发挥作用，压住抛售的势头 ·价格在趋势线附近时，是不错的做空时机

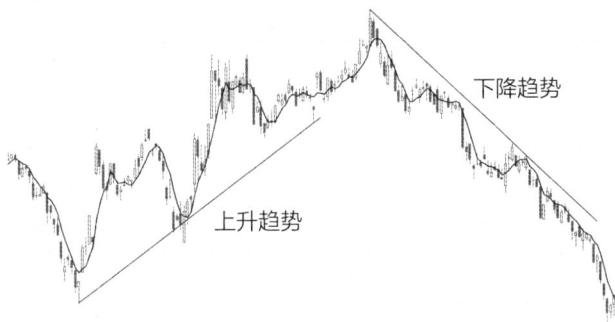

图 6-12　上升趋势线与下降趋势线

（2）趋势线的检测。趋势线是否有效，主要看价格对趋势线的触碰次数及趋势线的维持时间。一般来讲，价格触碰趋势线的次数越多或维持时间越长，其有效性就越强，用其作为预测依据就越可靠。

一般来讲，45°的趋势线是非常可靠的上升趋势信号；趋势线接近水平时，对于价格的突破有重要意义。

（3）趋势线的作用。趋势线的作用主要体现在对价格变动的约束上——支撑线和阻力线的作用。如果价格在某个点突破了趋势线，则价格下一步的走势将会发生反转；若趋势线的有效性越强，则这条趋势线被价格突破后的反转信号就越明显。

（4）趋势线的突破。价格是否有效突破了趋势线，可以用以下方式来确认。

①看幅度。价格突破趋势线后离趋势线越远，说明突破越有效。

②看时间。价格突破趋势线后，至少两天以内原有趋势不再回头，时间越长的突破越有效。

③看成交量。价格向上突破趋势线时，必有大量的成交量；价格向下突破趋势线时，对成交量没有要求。

3. 通道线的分析技巧

有了趋势线，我们只要在趋势线的反方向画一条与趋势线平行的直线，让它穿越近期价格的最高点或最低点，就能得到一条通道线。通道线和趋势线最终会将价格夹在它们中间，形成一个类似管道或通道的形状，如图6-13所示。

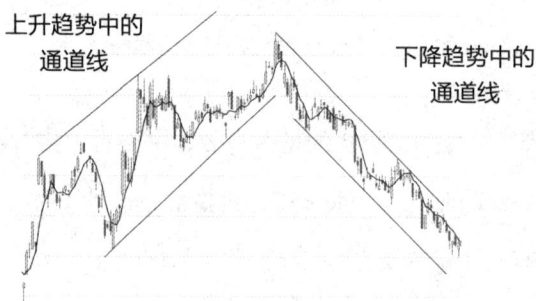

图6-13 通道线

通道线的存在是为了将价格限制在一定的变动范围内，也就是说，通道线一旦确定，价格将会在这个通道里变动。如果在某一时刻通道线被价格突破，则趋势可能会有一个较大的变化，原有的趋势可能会消失，需要重新依据价格高低来绘制通道线。

（1）上升趋势中的通道线：价格经过大幅下降后，开始新的震荡上行，此时可以绘制出该线。当价格上涨到通道线的阻力线时，可以清仓做空；当价格回到通道线的支撑线时，空单出局，多单进场。

（2）下降趋势中的通道线：当价格上涨到通道线的阻力线时，抽底多单要果断出局，然后逢高做空；当价格回调到支撑线时，空单可以减仓或清仓出局观望。

4. 黄金分割线的分析技巧

黄金分割线是用来预测市场中价格回撤或反弹的空间大小，其基本内容是将 1 分割为 0.618 和 0.382。

在明显的价格上涨趋势中，如果经过一波上涨之后出现了回调，那么在回调到黄金分割位时，要关注这一回调是否到位，是否有反弹，此外还要重点关注 K 线是否有见底的信号。

在明显的下降趋势中，如果出现的反弹到达了黄金分割位，那么也需要关注反弹是否到位，以及 K 线是否有见顶信号。

在进行黄金分割线的分析时，需要在 K 线图中画出黄金线。其具体绘制方法如下。

画法一：从前期的最高位画到现在的最低位，以这段趋势的最低点和最高点为起点和终点。注意：起点是这段趋势的开始点，终点是这段趋势的结束点。

画法二：找前期的 K 线密集区。从高点的密集区画到低点的密集区，这样可以找到有效的区间阻力线与支撑线。

利用好指标工具，发掘交易时机

技术指标也是技术分析工具中的重要一员。技术指标能够客观地反映过去的价格变化形成的事实，使过去的交易价格更加直观和形象，以便于投资者更加精细地对外汇市场价格变化进行分析。

1. 技术指标基础

（1）技术指标的定义。技术指标就是依据已经规定好的且固定的方法，对开盘价、最高价、收盘价、最低价、成交量和成交额等原始数据进行部分或全部的整理加工，尔后将结果绘制成图表来对市场行情进行研究判断。

（2）技术指标的类型。不同数据的处理方法衍生了不同的技术指标。通常，技术指标主要有以下四种类型，如表 6-39 所示。

表 6-39　技术指标的类型

名称	作用	特点	举例
趋向指标	识别和追踪有趋势的图形指标	不会试图猜测顶和底	均线、MACD 指标、SAR 指标等
反趋向指标	也叫震荡指标，是识别和追踪趋势运行转折点的图形指标	对市场敏感	随机指标 KDJ、强弱指标 RSI 等

续表

名称	作用	特点	举例
量价指标	通过对成交量的变动来分析和捕捉价格未来走势的图形指标	揭示成交量与价格的涨跌关系	BOV 指标、VOL 指标等
阻力支撑指标	又称通道指标，是利用顶部轨道线和底部轨道线捕捉行情的顶部和底部图形类指标	具有明显的阻力线和支撑线	BOLL 指标、XSTD 指标等

（3）技术指标的应用法则。在应用技术指标的时候，要遵循以下 6 个法则。

①指标的背离。指标的走向与价格走向不一致。

②指标的交叉。指标线中出现交叉，就是黄金交叉和死亡交叉。

③指标的高位和低位。指标进入超卖区和超买区。

④指标的徘徊。指标处在可进可退的状态，没有对未来方向的明确判断。

⑤指标的转折。指标图形发生了反转，可能是一个趋势的结束，也可能是一个趋势的开始。

⑥指标的盲点。即指标无能为力的时候。

（4）技术指标的本质。每一个技术指标都是从一个特定的方面出发对外汇市场行情进行观察和分析，来反映市场更深层次的内涵。

2. KDJ 技术指标的介绍

KDJ 技术指标是乔治·南恩提出的一种新颖且实用的技术分析指标，在外汇市场十分常用。

KDJ 技术指标指的是以最低价、最高价、收盘价及基本数据计算得出的 K 值、D 值、J 值的每一个点连接而成的线。KDJ 指标能够完整地反映价格波动趋势。KDJ 指标的 K 值、D 值、J 值都在 0 ~ 100 之间波动，三条线的波动速度依次是：J 线 >K 线 >D 线，如图 6-14 所示。

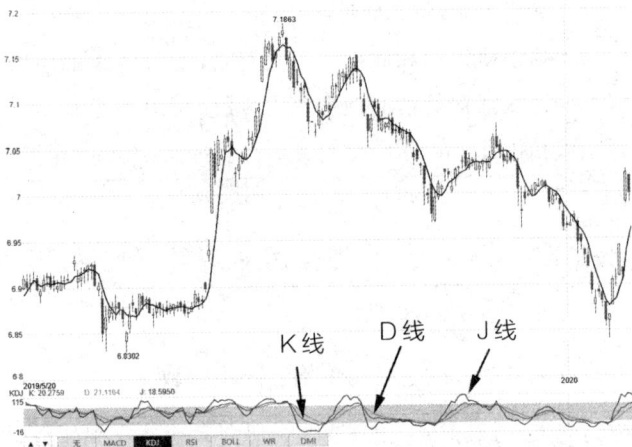

图 6-14　KDJ 技术指标的波动

在使用 KDJ 指标的时候，还需要注意以下问题。

（1）KD 值超过 80 时为买区，应该考虑卖出；KD 值小于 20 时，考虑买进；其余为徘徊区。

（2）K 值由较小逐渐增大，且大于 D 值时，K 线由下向上突破 D 线，为买进信号；K 值由较大逐渐减少，且小于 D 值，K 线由上向下穿破 D 线，表示趋势是向下的，为卖出信号。

（3）价格创新高，而 KD 值未创新高时，为顶背离，卖出信号；价格创新低，KD 值未创新低时，为底背离，买入信号；价格未创新高，而 KD 值创新高时，为顶背离，卖出信号；价格未创新低，KD 值创新低时，为底背离，买入信号。

（4）J值可以大于100，也可以小于0。为了绘图方便，当J值大于100时，仍按100绘图；当J值小于0时，仍按0绘图。因此，J值在0和100处呈直线状。

KDJ指标的反应特别灵敏、快速，在短、中、长期波段分析和研究判断中会频繁使用到。在使用KDJ指标的时候，需要了解以下一些规则。

（1）对做大资金、大波段的人来说，一般于当月KDJ值在低位时进场，并做多。

（2）主力平时运作时偏重周KDJ指标所处的位置，对中线波段的循环高低点做出研究判断，会使得单边式日KDJ指标对价格的敏感性降低。

（3）日KDJ指标对价格的反应极为敏感，是日常买进和卖出的重要参考。

（4）对做小波段的短线客来说，30分钟和60分钟的KDJ指标是重要的参考依据；对已制订买卖计划的投资者来说，5分钟和15分钟的KDJ指标暗含最佳的进出时间。

3. MACD技术指标的介绍

MACD指标指的是平滑移动平均线，是一个常用的趋向指标。在分析软件中，MACD使用红柱表示看多，使用绿柱表示看空。

MACD指标由DIF线、DEA线和柱状线组成，DIF线是核心，DEA线是辅助，如图6-15所示。

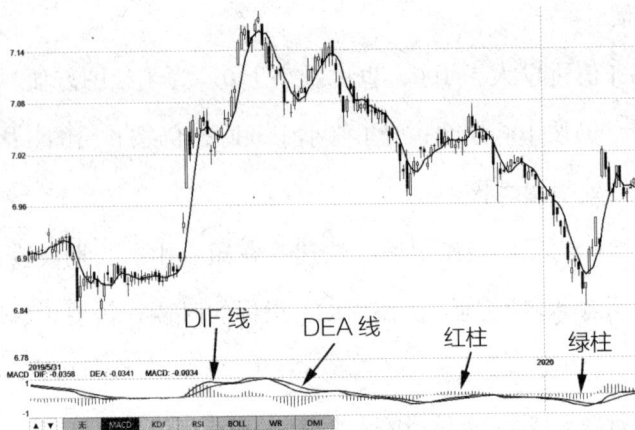

图 6-15　MACD 指标的组成

（1）DIF 线是快速移动平均线（12 日移动平均线）和慢速移动平均线（26 日移动平均线）的差。如果差值为正，则为正差离值；如果差值为负，则为负差离值。在持续上涨的行情中，正差离值会越来越大；在下跌的行情中，负差离值的绝对值会越来越大。

（2）DEA 线是 DIF 线的算术平均值。

（3）柱状线的值来源于 DIF 与 DEA 的差值。当 DIF 线在 DEA 线的上方时，差值为正，柱状线在零轴的上方，显示为红柱；当 DIF 线在 DEA 线下方时，差值为负，柱状线在零轴的下方，显示为绿柱。

此外，如果 DIF 线和 DEA 线运行在零轴的下方，则意味着当前的市场是空头市场；如果 DIF 线和 DEA 线运行在零轴的上方，则意味着当前的市场是多头市场。此外，零轴的上方柱状线表示做多的信号，当其拉长时，则表示做多一方的气势处于旺盛阶段；当其缩短时，表示多方气势减弱，空方势头增强，价格可能有下跌的趋势。

MACD 指标还可以与 KDJ 指标结合起来分析。一般来说，KDJ 指标是一种超前指标，能够对价格进行快速反应；而 MACD 指标是一种趋势指标，其运动轨迹与市场价格变化基本同步。当二者结合起来的时候，KDJ 指标可以把握住短期交易的买卖信号，MACD 指标则进一步反映趋势，这样就可以更好地判断价格的中、短期波动。

4. BOLL 技术指标的介绍

BOLL（布林通道线）是一个比较实用的技术指标。在外汇买卖的时候如果参考 BOLL 指标，就可以找出行情中的支撑位、阻力位，而且其还能显示出超卖、超买区域，对价格运行趋势进行指示，避免掉进一些陷阱。BOLL 指标主要适用于波段操作。

BOLL 指标由上、中、下三条轨道线组成，如图 6-16 所示，一般情况下，价格就是在 BOLL 线形成的这个带状区间内变动，而且轨道的位置会随着价格的变动而调整。带状区间越宽，则表示价格的变化幅度越大。

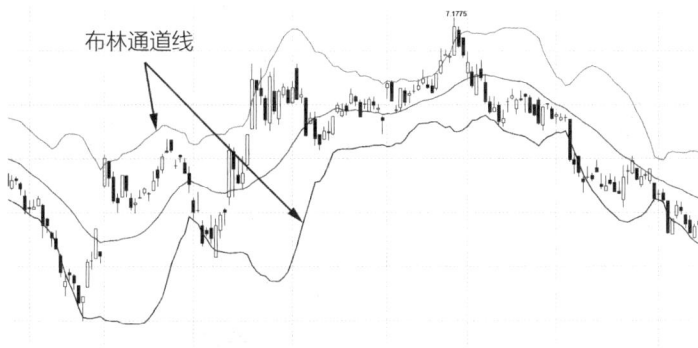

图 6-16　BOLL 指标的组成

BOLL 指标可以用来评估价格的走势强弱，具体的判断方法如下。

（1）价格若是在中轨线上方运行，则价格状况安全，短线交易可观望。

（2）价格若是在中轨线下方运行，则价格状况较危险，短线交易应离场。

（3）价格若是突破上轨线，回弹至中轨线后不再跌破中轨线，后市看涨，可加仓或持筹。

（4）价格突破下轨线后，反弹至中轨线时不再突破中轨线，后市看跌，应果断卖出。

（5）通道急剧变窄呈收拢状态时，价格会发生重大转折，需结合其他指标对行情做进一步的判断。

5. SAR技术指标的介绍

SAR技术指标是止损指标，能够为投资者提供一个止损价位。依靠SAR技术指标，可以用其指示出的合理价位进行外汇买卖。该指标主要的操作指南是，当价格波动到某种情况时，必须卖出或者买入，不应该继续持有等待更高或者更低的价格。

在技术分析图中，SAR技术指标用圆点表示，如图6-17所示。

图6-17　SAR技术指标

SAR技术指标的具体应用如下。

（1）价格突破SAR技术指标时，则为买卖信号。若价格下破支撑位，则为卖出信号；若价格上破阻力位，则为买入信号。

（2）价格趋势比较明显时，SAR技术指标的使用效果会更好；当价格进行盘整时，SAR技术指标就容易失灵。

$ 延伸阅读：技术分析工具不是万能的

在外汇交易过程中使用技术分析工具，确实能够让投资者迅速有效地抓住交易机会。而且随着技术分析工具的不断丰富，各种理论铺垫也为投资者进行投资打下了坚实的基础，让投资者对外汇市场有了更好的把握。

但是，投资者需要明确一点，技术分析不是万能的，即技术分析不能解决所有的外汇交易问题。技术分析只是一项做外汇交易的辅助工具，任何人都无法只靠技术分析就在外汇市场上永远获利。

在外汇交易越来越普遍的今天，到目前为止，还没有一套能够适应任何交易市场的技术交易系统，这足以说明外汇交易市场之复杂，并非技术分析就完全可以吃透的。技术指标虽然能够捕捉影响市场价格的信息，但是市场信息无限，而技术指标有限，这就使得市场中还有很大一部分信息尚不能被发现，也没有足够的指标来将其表现出来。

有人将这种现象称为"不可化约的复杂性"，也就是说，市场中存在的变量太多，而市场模型又不够完善，所以有很多问题都是解决不了的。很多做定量分析的金融学家投入几百万元的资金做过试验，他们尝试了所有可以想到的办法——傅里叶分析、小波分析和神经网络算法……但是最终却没有找到一种可以提高市场预测能力的算法，也没有一种算法能够替代一位经验丰富的交易员的预判。因此，技术分析只是对过去的价格变化进行的分析，因为受到了时间的制约与限制，所以这样得到的分析结果在精确性方面有很大的局限性。而一个经验丰富的外汇交易员能够利用各种分析工具及方法进行综合分析，从而更好地预测市场的变化方向。

技术分析虽然不是万能的，但这并不代表我们不需要利用技术分析去分析市场。正确地使用技术分析方法进行行情分析，能够很好地促进外汇交易的成功。技术分析的相关图表能够将价格的相关走势及影响因素进行展示。在这一过程中，技术分析也能排除一些价格波动的干扰，以让交易者更好地掌握交易盈利的空间。当然，这就要求交易者能够从这些技术分析图表中识别出代表市场的交易信息。

持续的尝试会让交易者逐渐掌握外汇交易的技巧。在有了这些技巧之后，交易者会进入一个能够熟练运用各种交易技术工具的阶段。在这一阶段，交易者可能会出现损失，但是盈利的可能性已经极大地提高了。交易者只需要将自己的经验和技术工具结合起来，就可以顺利地做外汇交易了。

虽然技术指标不是万能的，但是技术指标是做外汇交易必不可少的，技术指标加实践经验，会让交易者更容易地在外汇交易市场获利。

第七章 熟悉外汇交易软件，轻松进入交易实战

MT5 平台：可靠的交易软件

熟悉 MT5 平台的安装与开户，备战外汇交易

掌握 MT5 手机软件看盘方法，适时进行买卖操作

延伸阅读：投资者的交易法宝——外汇交易软件

MT5 平台：可靠的交易软件

"工欲善其事，必先利其器。"外汇交易者要想掌控交易的全过程，熟练地做外汇交易，使用功能强大的交易软件必不可少。在外汇交易中，Meta Trader 是一款由迈达克公司编写的，为外汇、期货、差价合约交易提供经纪服务的专业在线交易软件。本书使用的是该软件的第五版，在这里将其称为 MT5 平台。

MT5 平台是一个集成性平台，投资者只要借助该平台的相关服务，就能够完成外汇交易操作。

1. MT5 平台的优点

MT5 平台作为一款优秀的外汇交易软件，其分析、交易功能俱全，能将多币种的盘面同时展示在屏幕上，非常方便投资者看盘。总体来看，MT5 平台能够在外汇投资者之间广泛使用，主要在于其有 6 个突出的优点。

（1）下单灵活，确保止损。现价交易和预设新单交易都能同时设置止损价位、获利价位，确保第一时间设置止损单。

（2）界面友好，交易直观。MT5 平台上所有的外汇交易订单都能以直线方式显示在图表中，各种交易状况清晰明了。

（3）设置到价预警。可以设置预警机制——在达到某个价位时进行预警提示，让投资者不用担心错过交易机会。

（4）可支持自编指标。投资者可以利用MT5平台总结多年的外汇投资经验，并把它们编写成指标应用到图表中。

（5）图表分析功能非常强大。MT5平台提供8种画线工具、8个交易时段、29种技术指标，能让用户的行情分析得心应手。

（6）内存小，独立运行。文件不足4MB，不会与计算机系统的其他软件产生运行冲突，可独立运行，也支持复制使用，对网络宽带要求低。

2. MT5 平台的功能

MT5平台的功能非常强大，主要包括以下6个方面。

（1）在技术指标方面，有近30种丰富的、可修改参数的技术指标。

（2）在图表类型方面，有柱状图、K线和折线三种类型，结合技术指标，还可以得出点线图、三价图。

（3）在时间框架方面，有1分钟图、5分钟图、15分钟图、30分钟图和1小时图、4小时图，以及日线图、周线图、月线图。

（4）在工具方面，有8种画线工具，包括垂直线、水平线、趋势线和斐波那契回调线。

（5）在界面风格方面，能够实现黑底黄线、黑底绿线和白底黑线等显示模式。

（6）在预警方面，终端可以设置预警币种的价位和提示声音，当汇率达到时发出提示音。

3. MT5 平台的优势

MT5平台作为一款独特的交易软件，其自身的优势也是不容忽视的，主要有以下5个方面。

（1）涵盖多种金融市场。MT5平台能为外汇、期货、股票、期权和差价合约市场提供服务。

（2）多货币复合体。系统设计为多币种平台，可以做到在任何国家使用任何币种都能享受到像标准货币一样的服务。

（3）较高的效率和生产率。数据转换和协议处理省时、经济，用一台服务器就可以完成数千客户的交易。

（4）高可靠性。能够进行系统数据的备份和数据库的恢复，实现数据同步，可以通过其他平台恢复损失的数据。

（5）高安全性。平台体系间的数据传输经过128位加密，不会让信息在传输过程中被第三人使用。

熟悉 MT5 平台的安装与开户，备战外汇交易

MT5 平台的下载与安装是进行外汇交易的基础。下载安装完成之后，交易者就需要开立账户，然后对该平台的一些基本情况进行了解，掌握该平台的一些基本操作方法，熟悉相关的外汇交易模拟操作方法，为后续的外汇交易做好准备。

1. MT5 平台的安装与账户开立

在下载电脑版的 MT5 平台的时候，投资者只需在搜索引擎中输入"MT5 平台下载"的关键词并进行搜索，进入软件安装包的下载地址首页，填写姓名、邮箱等即可完成注册。注册完成之后，进入软件下载页面就可以找到相应的软件包并根据提示进行安装。

投资者安装完 MT5 平台之后，就可以先进行模拟账户的开立。

（1）打开 MT5 运行程序，进入相应的页面，将看到如图 7-1 所示的界面，然后单击"下一步"按钮。

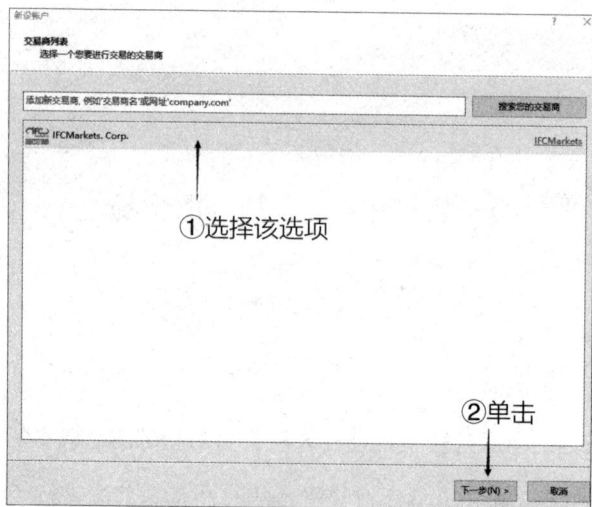

图 7-1　MT5 运行程序

（2）在打开的"新设账户"对话框中，选中"开设一个模拟账户，以无风险的方式交易虚拟货币"单选按钮，单击"下一步"按钮，如图 7-2 所示。

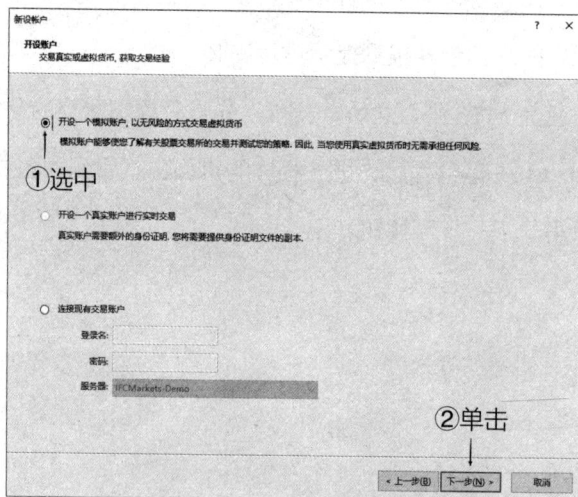

图 7-2　选择开立 MT5 平台模拟账户

（3）在打开的"开设一个模拟账户"界面中，填写相关开户信息，并勾选"我同意开设账户和数据保护政策的条款和条件"复选框，单击"下一步"按钮，如图7-3所示。

图 7-3　填写开户信息

（4）信息填写完毕后，进入"注册"界面，注册完成后系统会自动生成账户与密码，然后单击"完成"按钮，软件自动完成登录，如图7-4所示。

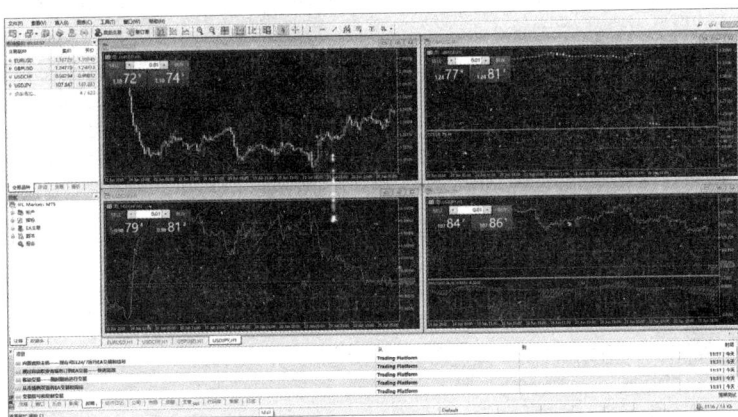

图 7-4　登录 MT5 平台

2. MT5 平台账户身份验证

MT5 平台需要通过账户和密码开启终端服务器连接来进行身份验证，其允许经营一个交易账户。账户在终端存在两种授权形式：基本密码授权和投资密码授权。基本密码授权能使投资者在终端有充分的权利进行工作，投资密码授权能让投资者通过查看账户的状态来进行价位分析和咨询专家顾问，但不能进行交易。这两种密码授权的具体操作步骤如下。

（1）在软件操作窗口，选择"文件"→"登录到交易账户（L）"选项，如图 7-5 所示。

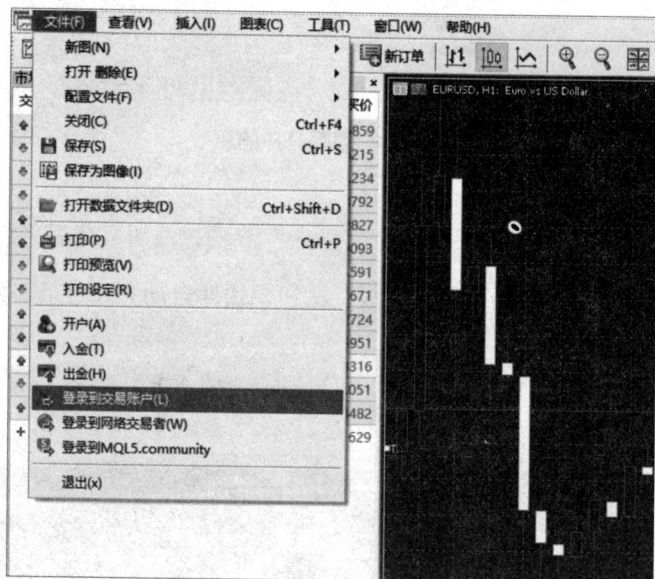

图 7-5　密码授权操作

（2）操作执行后，弹出"登录"对话框，登录名和密码将自动显示，选择服务器，单击"OK"按钮即可，如图 7-6 所示。

图 7-6 完成密码授权

3. MT5 平台界面介绍

MT5 平台的操作界面分为菜单栏、工具栏、市场报价、数据窗口、导航栏和终端等，如图 7-7 所示。

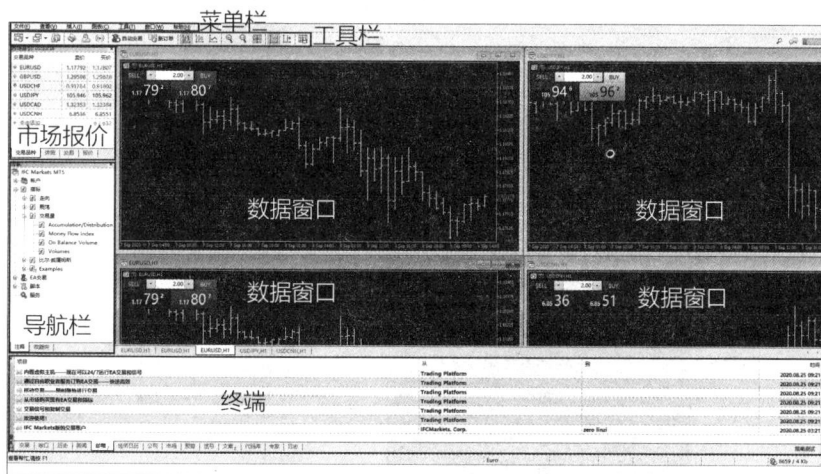

图 7-7 MT5 平台的操作界面

4. MT5 平台基本操作

MT5 平台的一些基本操作包括软件属性设置、隐藏窗口网格设置和选择相应商品的操作等。

（1）软件属性设置。该操作的具体步骤是：选择"图表"→"属性"选项，在弹出的"属性"对话框的预览框中选择想要的效果，然后单击"确定"按钮即可，如图 7-8 所示。

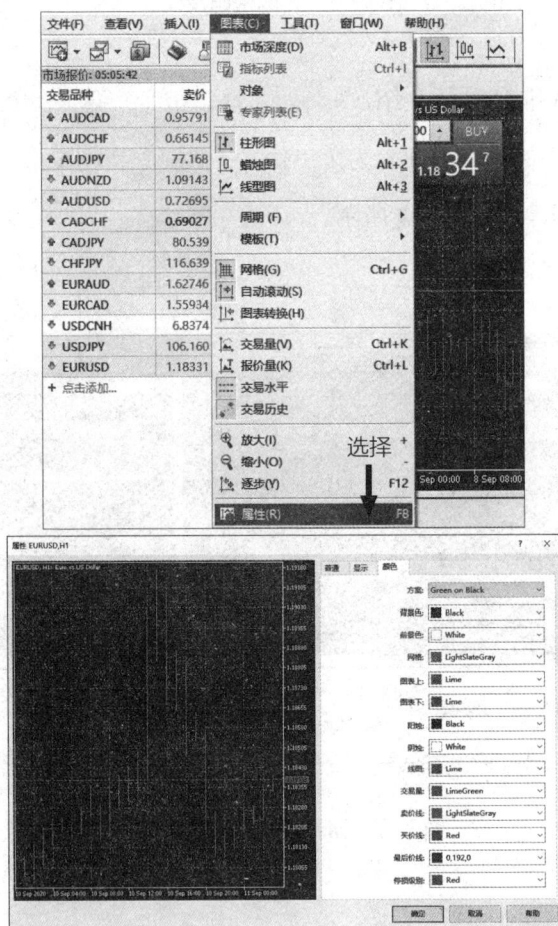

图 7-8　软件属性设置

（2）隐藏窗口网格设置。隐藏窗口网格主要是为了让软件界面保持整洁，该操作的具体步骤是：单击要隐藏网格的数据窗口，再选择"图表"→"网格"选项，即可隐藏网格，如图7-9所示。需要网格时，则再次进行该操作，网格就会重新出现。

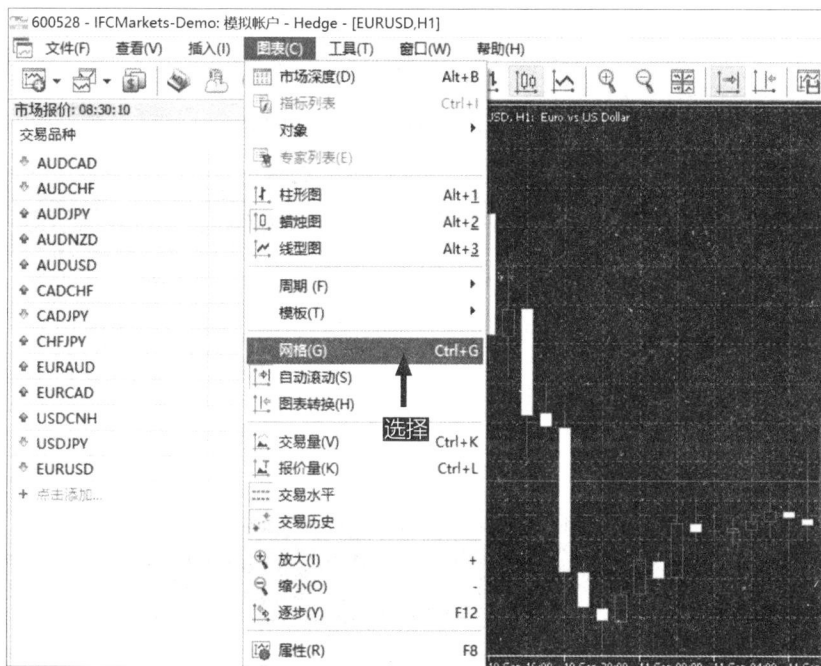

图7-9　隐藏窗口网格设置

（3）选择相应商品的操作。该操作的具体步骤是：单击基本工具栏中的"新图标"按钮，在弹出的列表中选择相应的商品，数据窗口就能显示该商品的行情走势，如图7-10所示。

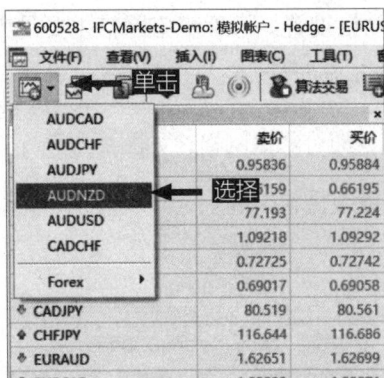

图 7-10　选择相应商品的行情走势

（4）相应指标的应用。MT5 平台中的相应技术指标的设置操作为：
选择"插入"→"指标"→"走向"→ Adaptive Moving Average 选项，在
弹出的 Adaptive Moving Average 对话框中设置阶段、转换和风格等参数，
单击"确定"按钮，就可以得到相应的技术指标图，如图 7-11 所示。

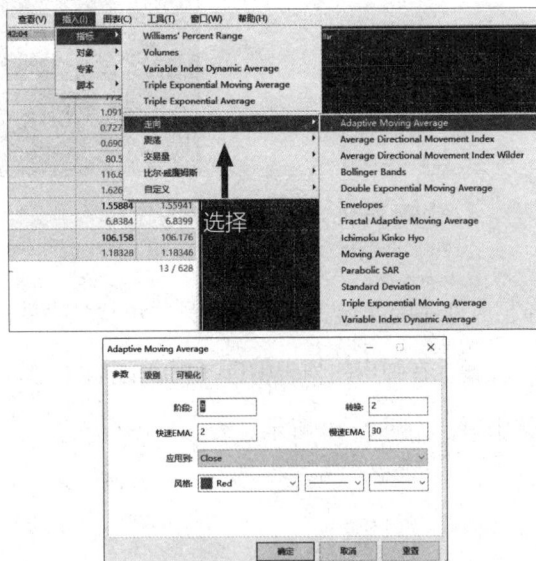

图 7-11　相应指标的应用

（5）趋势线的绘制。单击图表分析工具栏中的"画趋势线"按钮☑，当鼠标指针变为⊞☑时，连接走势图中的两个高点位置，绘制一条直线，即可得到趋势线。

（6）更换服务器操作。MT5 平台使用者在使用过程中还可以更换服务器，具体操作方式为：选择"工具"→"设定"选项，在弹出的"选项"对话框中选择"服务器"选项卡，复制新的服务器，并粘贴到"服务器"文本框中，再单击"确定"按钮即可，如图 7-12 所示。

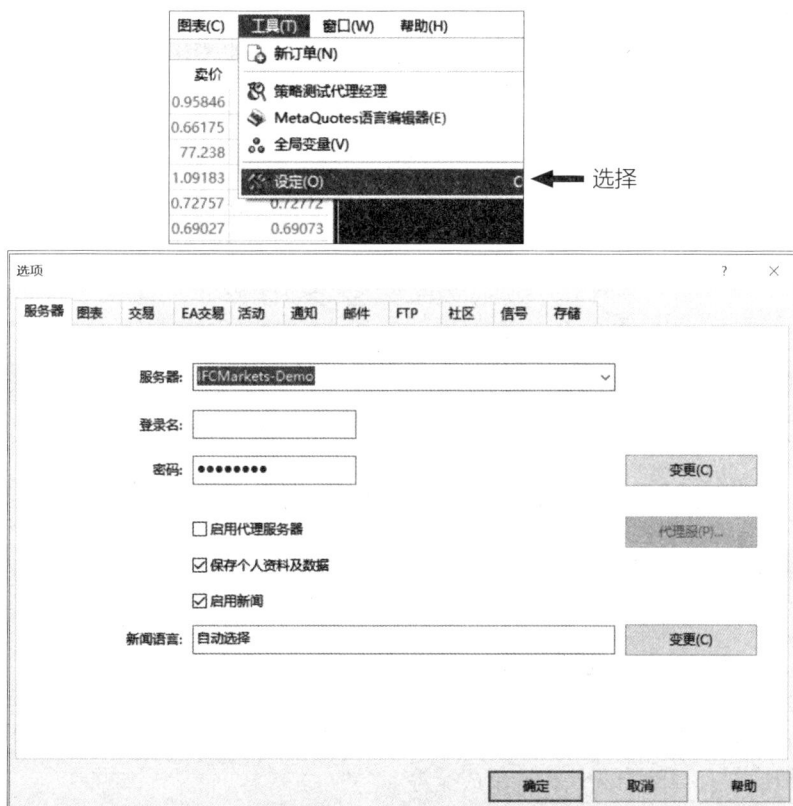

图 7-12 更换服务器操作

完成以上操作步骤后，就可以进行相应的服务器设置了。具体方法为：选择"文件"→"登录到交易账户（L）"选项，在弹出的"登录"对话框中将服务器设置为新添加的服务器即可，如图 7-13 所示。

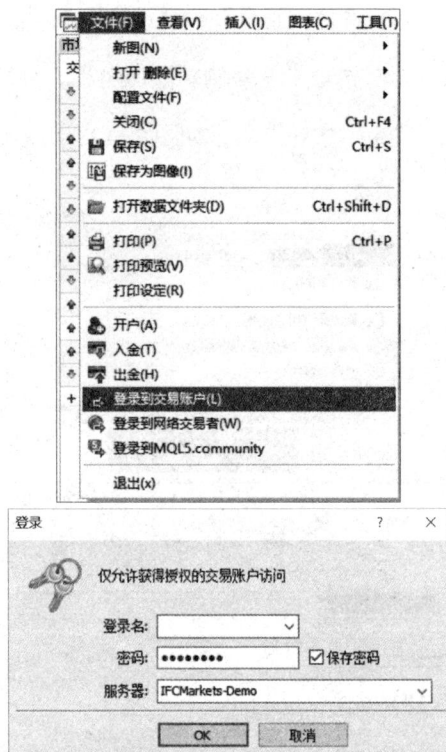

图 7-13　服务器设置

5. MT5 平台交易操作

在 MT5 平台进行模拟交易操作是进行外汇交易实战的前提，这样的模拟操作有订单的买入和挂单成交等。

（1）订单的买入操作。工具栏中的"新订单"就是买入的意思，当投资者对行情有一定的了解后，就可以在 MT5 平台进行订单的模拟交易操作。其具体操作方法是：单击常用工具栏中的"新订单"按钮，执行操作后弹出"订单"对话框；在"订单"对话框中选择购买品种、手数等参数，确认无误后，单击"买入"按钮，如图7-14所示，等待片刻将显示新订单成功的信息，单击"确定"即可。

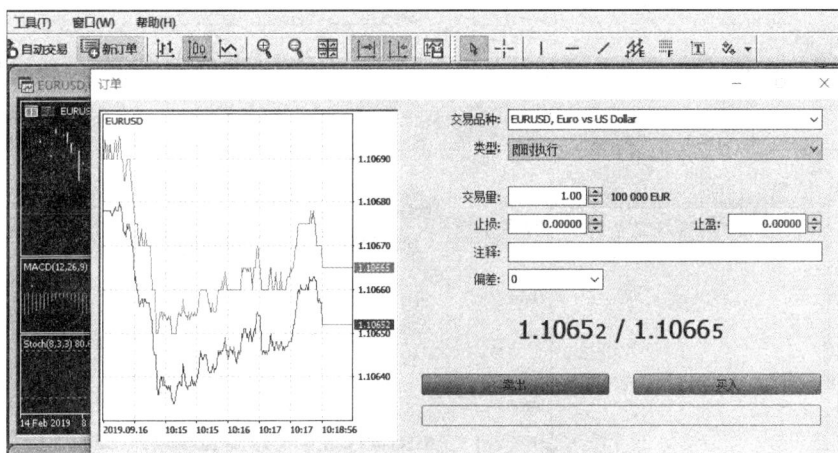

图7-14 订单的买入操作

（2）挂单成交操作。挂单交易就是预先设定一个价格，根据外汇市场的价格波动，在指定价格自动下单的交易。其具体操作方法是：单击常用工具栏中的"新订单"按钮，在弹出的"订单"对话框中单击交易"类型"右侧的下三角形按钮，在弹出的下拉列表中选择"挂单"选项，接着就可以设置相应的买入手数和价位（挂单价位必须远离市价至少10个价位），然后单击"发送"按钮。稍等片刻，将会有下单成功的信息提示，单击"确定"按钮即可，如图7-15所示。

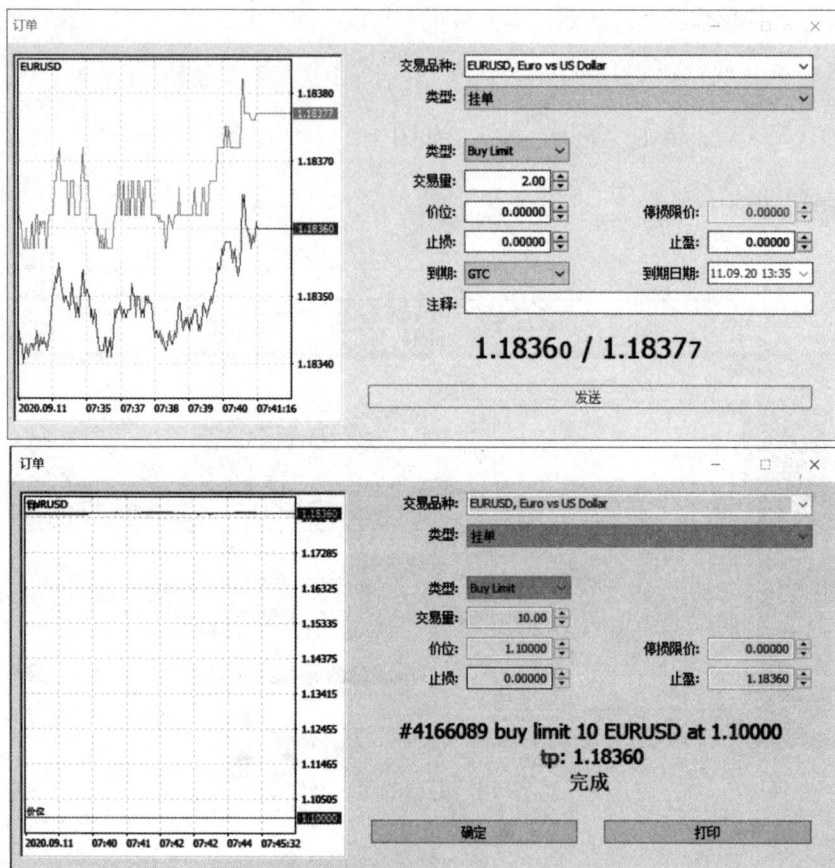

图 7-15　挂单成交交易操作

6. MT5 平台的止损功能设置

MT5 平台作为一款新颖的交易软件，使用它进行外汇交易的时候，止损单的设置是一门技巧。止损设置既不能过大，也不能过小，而是要依据一定的基础做出合理的设置。这里，我们从 4 个方面来对 MT5 平台进行止损功能的设置。

（1）依据资金大小来设置止损点。当投资者的资金数额在 5000 美元以下的时候，尽量采用 10% 的止损点进行止损设置。比如，某人的资金是

500 美元，那么做 0.1 手的止损设置就是 50 点；有 1000 美元的时候，止损点的设置就是 100 点。

（2）依据阻力位和支撑位设置止损点。如果投资者能判断出所做单指向的阻力位或支撑位，就在阻力位或支撑位之下或之上加50点设置止损，一定要避免设置在阻力位或支撑位，以防被主力扫单。

（3）依据整数位置来设置止损点。以整数位置作为参照，在比整数位置高 30 ～ 50 点的位置设置止损点。比如，投资者在美元价格是 6.5633 时做空，则止损应设置在 6.5730 ～ 6.5760 的位置，不可以设置在 6.5700 的位置。而且在设置的时候，应尽量保持自己的风格，不要随大溜。

（4）依据行情动荡程度来设置止损点。除了上述 3 个设置止损点的方法外，还可以依据外汇市场的行情好坏来设置止损点。如果外汇市场行情动荡明显，就需要设置较大的止损点；如果外汇市场行情较稳定，就可以设置较小的止损点。

掌握 MT5 手机软件看盘方法，适时进行买卖操作

MT5 软件不但能够满足电脑端用户的外汇买卖操作需求，还能够满足手机端用户的外汇买卖操作需求。MT5 手机软件界面清晰、功能强大，能让投资者随时随地实现外汇交易操作。

1. MT5 手机软件使用基础

（1）MT5 手机软件的下载与安装。MT5 手机软件的下载地址是 IFX Markets 官网，当然，也可以在搜索引擎中找到该软件。此外，苹果手机用户还可以在 App Store 系统找到该款软件进行下载。

（2）MT5手机软件的功能主要表现在以下5个方面：

①金融工具的实时报价。

②挂单在内的全套交易订单。

③全部历史交易记录的搜索。

④支持公司超过 1700 台服务器同时进行外汇交易。

⑤支持全部类型的交易实施模式。

2. MT5 手机软件外汇投资操作

对 MT5 手机软件的安装与功能有一定的了解之后，就可以利用它进行外汇交易的相关操作了。如果投资者已经有了在电脑端进行外汇投资操作的经验，那么 MT5 软件手机端的投资操作就能轻易上手了。

（1）MT5 手机软件的账户登录。登录该软件必须有相应的账户，若投资者已经在电脑端的操作中申请了账户，就可以直接登录；若投资者还没有账户，那么就需要注册账户。手机软件的账户注册过程类似于电脑端的，按照要求填写相关信息后就可以完成模拟账户的注册。

（2）MT5 手机软件看盘功能实践。MT5 手机软件的看盘功能不容小觑，其包括柱形图、蜡烛图和线形图三种图表类型，也包括 M1、M5、M15、M30、H1、H4、D1、W1 和 MN 九种时间表，能够满足投资者全面的看盘需求，如图 7-16 所示。

图 7-16　使用 MT5 手机软件看盘

（3）MT5 手机软件的买卖操作。MT5 手机软件的界面非常简洁，交易者可以直接从图表上看出相应币种的交易水平和交易量。投资者若需要

下单或挂单，只需要在外汇展示界面选择合适的币种，根据提示进行操作
即可，如图 7-17 所示。

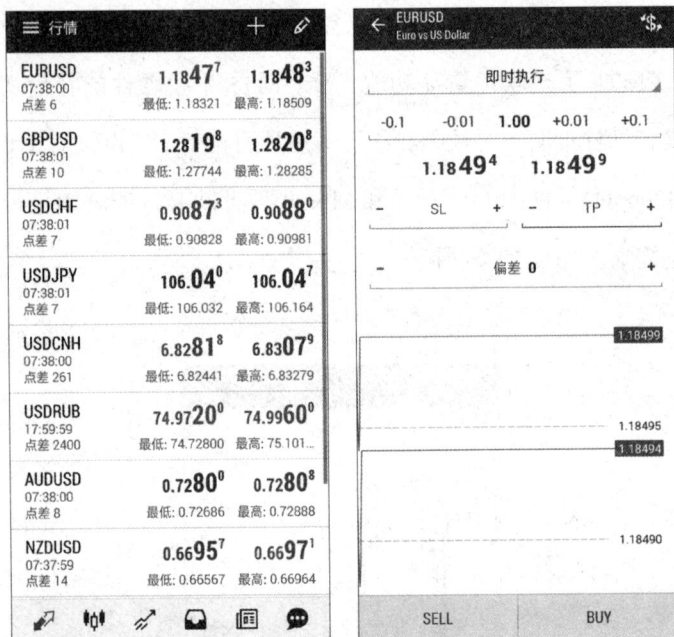

图 7-17　MT5 手机软件的买卖操作界面

$ 延伸阅读：投资者的交易法宝——外汇交易软件

　　投资者在外汇市场上交易时都离不开交易软件的帮助。交易软件就如同外汇投资者的一件法宝，随时拥有，随时可以查看，随时可以根据其指示了解和掌握市场行情。

　　通常来讲，外汇交易软件分为两类：一类是外汇交易平台，另一类是外汇分析决策系统软件。我们通常说的外汇交易软件，大都是指外汇决策分析软件，因为外汇真实的买卖操作主要依靠经纪商来完成，大部分投资者主要是依据这些决策分析软件的指导向经纪商下达外汇买进或卖出的命令。

　　常见的外汇交易软件包括电脑版的 MT5 交易软件、GTS 交易软件和 FXCM 交易软件，手机版的 MT5 交易软件、GTS 交易软件、FXCM 交易软件和投资堂等。这些软件功能有所差别，而且不同的人群对其喜爱和偏好程度也不一样。但是，这些软件有一个共同的特点，那就是能对外汇走势进行分析，能进行外汇交易的模拟操作。

　　外汇交易软件的兴起，满足了逐渐增长的外汇投资者的需求。就手机外汇交易软件来说，其实用性更强，它彻底地将外汇交易这件需要在室内等正式场所进行的交易活动移到了室外，能够在任何场所进行。所以，咖啡厅、公园、街道、地铁、公交和旅途等这些普通的生活场所都成了外汇投资者进行外汇交易的地方。而且无论走到哪里，外汇的相关信息就跟随到哪里，投资者可以轻松地看盘、看行情、看趋势，然后找到合适的交易机会进行交易。而且智能手机的功能越来越强大，流量套餐多种多样，这些都为外汇交易软件的普遍使用奠定了基础。

这些交易软件广受欢迎的背后，要么对应着强大的软件开发公司，要么对应着庞大的用户群体。如由著名的Meta Quotes Software软件公司推出的MT4、MT5交易软件，由于其功能强大和使用方便，深受外汇投资者喜爱。尤其是MT4交易软件，因为诞生稍早，所以目前的使用率仍居高位，许多外汇经纪商，如Oanda、FXCM、Gain Capital、FXTM和Alpari等都在使用该软件。当然，MT5软件也有对应的使用经纪商，如FXCM、XM、RoboForex、Pepperstone、FXTM、FxPro、Alpari和EXNESS等。电脑版的MT5功能很多，投资者可以使用它来交易外汇、差价合约、期货、期权和股票，而且该软件提供实时报价、图表、技术指标和分析等服务内容，甚至能够满足投资者与其他MT5平台的用户进行聊天交流的需要。

在这些众多的外汇投资产品中，投资者可以根据自己的使用习惯与偏好，选择自己喜欢的、容易上手的外汇交易软件，从而在外汇市场上站稳脚跟，找到自己的投资方向。

第八章　交易陷阱防不胜防，利用法则轻易避开

外汇交易公司的十大交易陷阱

极易发生的十大外汇交易错误

避开保证金交易认知误区，顺利做外汇交易

外汇交易要成功，九大法则少不了

依靠江恩十二买卖规则，理性做交易决策

延伸阅读：投资名人汇

外汇交易公司的十大交易陷阱

外汇交易虽然陷阱重重，但是外汇市场的优势仍然吸引了很多投资者涉足。一部分外汇交易新手为了交易便捷，很多时候会选择一家外汇代理公司进行外汇交易投资。但是市场上的代理公司鱼龙混杂，投资者需要用火眼金睛来辨别这些交易公司是否存在交易陷阱。

1. 识别虚假的外汇投资公司

虚假的外汇投资公司一般都是境外的"金融机构"在国内开设的代理处，他们会给自己所谓的投资公司虚挂一些监管机构，编造出诱人的背景，依靠并不存在实际监管能力的机构或者是依托一些广告来给自己进行包装，甚至有时候一些境外人士会借助人际关系在我国境内注册一些咨询公司，自己躲在幕后，让我国境内的相关人士担任法人，这样所有的风险就都转嫁给了法人，他们不担任何责任，如果出现意外，他们卷款逃走的可能性非常大。

2. 鉴别高额代理回报的圈套

一些公司会给客户代理非常优厚的回报，根据客户代理拉入公司的客户数量来对其进行相应的奖励。这样的高额代理回报，能使客户代理的积极性提高，想方设法地介绍更多的客户进入公司，相应地，公司就会汇集更多投资者的资金。这些公司会等资金积累到一定数额后突然消失，那时投资者就会遭受巨大损失。也有一些外汇交易代理公司会任意挥霍投资者的保证金，等到入不敷出的时候就突然消失。

3. 鉴别外汇交易合同的准确性

有些境外公司宣称自己的点差很小，以此来吸引投资者进入，但是投资者和公司之间还隔着客户代理这层关系，因此，这些公司会与代理签订一定的合同，然后给代理的点差最终都会由客户来承担。所以客户一定要鉴别这些公司的合同细则是否严谨、准确，防止遭受损失。

4. 慎填委托代理书

有些代理会通过各种方式鼓励客户委托理财，与客户签订委托代理书，如此一来，就意味着客户将自己的钱财完全交给了代理人打理。因为，在客户和代理人的合同上一般都会有"客户将账户全权委托给代理人操作，客户将为此承担一切责任"的条款，这样客户就会处于劣势，极有可能面临资金被代理人挥霍的风险。

5. 谨防代理商的赚手续费行为

有些代理商为了赚取每一手交易的手续费，经常会不顾盈利区间大小，随意在一天内进行多次短线交易，这样客户最终到手的资金在扣除交易费用和利息之后，可能所剩无几或直接呈损失状态。

6. 洗钱行为下的虚假合同

一般来讲，每个人购买外汇都有一定做的数额限制。有些公司打着人民币炒汇的旗号伪造购销合同，假装做进口贸易，实际上是设法将人民币汇去境外进行兑换，然后再将境外的外汇汇进相应的账户。

7. 虚假的高进低出

有时候，有些代理公司会将客户的交易单进行"高位吃进，低位卖出"的操作，即使做反了交易方向，也不会及时止损。这样的代理公司实际上是在与其他同谋进行对敲。也就是说，他们互相扮演卖方和买方的角色，这样就会使一方的客户受益而另一方的客户受损，这些公司招徕客户的目的就是通过与对方公司进行对赌交易而牟利。

8. 不正常的点差滑落

这主要表现在很多公司并不会按投资者提供的价位进行相关的交易行为，甚至会改动投资者要求的操作点位，交易公司的这些行为会使投资者的盈利空间减小。

9. 外汇公司的当天清盘玄机

外汇市场存在隔夜利息的支出或收入，于是很多公司以"利息全免"的旗号来吸引客户。但是在实际的交易中，客户经常发现自己拿到对账单时，公司会把所有的单子全部平仓，第二天又重新建仓。这些公司总是会选择一些恰当的时机进行平仓，尽量不产生利息的支出，而是尽可能地获得利息收入，并将这部分利息收入归为己有。

10. 代理公司的虚假账单

有些代理公司为了发展客户，并没有进行实际的外汇操作，只有一个平台，然后打印一些虚假账单给客户，宣称账户已经亏空。事实上，这只是这些公司欺骗投资者的一种手段，真正的资金依然在这些代理公司的账户上。

极易发生的十大外汇交易错误

在外汇市场交易中，每个人都如同在进行一场游戏。但是，游戏进行得怎么样、能否顺利地进行下去，这就要看外汇投资者是否能避免外汇交易中常发生的一些错误，如果能，那么外汇投资者就能在外汇交易市场上无往不利。那么，投资者容易犯的错误有哪些呢？

1. 未制订计划就开始交易

如果交易者在进行外汇交易前没有制订严密的交易计划，对应该在何时、何地退出交易，交易会亏损或盈利多少等没有明确的计划，交易过程全跟着感觉走，那么交易风险就会相应增大。

2. 不恰当的资金管理选择

外汇市场上的成功交易并不一定需要巨额资金的支持，小额迷你手外汇合约依托较低的保证金要求，成为小型和大型交易者选择的重要合约之一。所以投资者要对自己的资金进行适当的管理，不要一味地集中自己手中的资金做冒险交易。

3. 期望短期获得成功

投资者做外汇交易，一开始就获得成功的机会一般较小，只有做足基础工作，慢慢积累经验，才可能在外汇市场上不断取得成功。因此，投资者要调整好做交易的心态，明白投机行为只是在寻找交易机会，这种机会能否带来收益并不确定。

4. 不重视止损的必要性

及时启动止损措施，能够让投资者在特定的每笔交易中清楚地把握资金的风险额度，确认交易的亏损情况。当然，这并非要求投资者一遇到风险就开启止损措施，而是要投资者对价格波动做一个判断，然后再确定是否需要采取措施。

5. 交易没有耐心

做外汇投资时，投资者要有一定的耐心，只有耐心地对市场和行情进行观察，才能等到完美的交易机会，获得交易收入。

6. 只遵循低买高卖准则

在外汇市场中，低买高卖虽然是投资者追求的交易策略，但是有时候这一交易准则并不可靠，价格反弹的情况时有发生，所以高买高卖就需要在这时候大显身手了。

7. 不及时设置止损

大多数交易者不会在亏损的头寸上花费太多的资金和时间，他们会设置一个严格的止损价位，一旦价格触及该点，就立即结束该笔交易，然后在其他方位寻找交易目标。所以交易者不需要在亏损的头寸上滞留，及时采取止损措施是减少损失的关键。

8. 同一时间进行多项交易

如果在同一时间进行多项交易，那么发生较多损失的可能性就非常大。交易越多，损失的可能性越大。所以交易者要集中精力，保持敏感，减少同一时间内的交易数目。

9. 交易失败不从自己身上找原因

在外汇交易的过程中，我们通常都是依据自己的判断和分析而取得交易的成功或失败的。成功与失败的关键是我们自己，经纪人和他人并不是主要因素。所以如果交易失败，就要从自身寻找原因，而不能将全部责任推给经纪人。

10. 对外汇市场分析不够全面

在计划交易的时候，投资者可以利用日线图对短期市场进行观察。当然，投资者如果能够利用长期趋势对市场进行综合分析，然后再依靠基本面的具体反映，就可以对市场有一个更加全面的掌握。

避开保证金交易认知误区，顺利做外汇交易

很多人之所以进入外汇市场，很大程度上是因为看到了保证金交易杠杆获利的可能性。这只是保证金交易的一方面，但是要做外汇交易，要投资理财，理性是关键。要知道，没有一直稳赚的投资，只有一直理性的投资人。在国际上做保证金交易的时候，投资者还需要对保证金交易的内涵进行更深层次的理解，以免走入以下误区。

1. 不付出就能实现高报酬

在外汇市场上，依据理论计算的数学报酬率是非常高的，但是每一位投资者真的就是按这样的报酬率来获取收益的吗？事实上，这样高的报酬率是依据外汇市场的大量交易计算得来的可能结果，这只是一种获利的可能性，而要想在这个高风险的行业中获利，就需要付出时间、精力和脑力，并承受风险、压力和身体负担等。

2. 能够轻松实现一夜暴富

电子交易的兴起，极大地方便了投资者参与到外汇交易市场中，而且迷你账户的创立降低了外汇交易的进入门槛。这样的变化实际上并没有给大众带来过多的获利机会，毕竟最终的收益主要集聚在各大交易商手中，所以外汇市场的保证金交易并没有那么容易获利。

3. 抓住趋势就是抓住收益

很多外汇投资者对趋势交易的真正内涵理解得不到位。因为做趋势交易很重要的一点就是要懂趋势，而且在真正的趋势交易里只有一个交易方向，在短线交易里根本不存在趋势。仅凭趋势就做保证金交易会使交易者陷入自己设置的趋势泥沼而不能自拔。

4. 有杠杆就能撬动大收益

外汇投资者若不懂保证金的杠杆使用，同样会陷入盲目推崇杠杆的旋涡。保证金杠杆可以用，但是不能过度使用。在外汇保证金交易市场上，要先判断货币价格的价值意义，然后再决定怎样使用杠杆。如果不懂杠杆的使用，保证金交易也就失去了其应有的作用。

5. 汇评就是可靠的评估信息

在外汇市场中存在一些专门对汇市情况进行分析评论的人，他们以自己的观点为依据，在汇市中大肆宣讲各种外汇利弊。但是汇市交易操作和汇评是两码事，汇评能带给投资者的只有心理影响，而且这种心理干扰可能会影响投资者正常的交易判断。

6. 做交叉汇率操作就能盈利

尽管很多投资者十分热衷于做交叉汇率操作，但是交叉汇率是一种难度较高的外汇交易手法，并非每个交易者都可以掌握。影响交叉汇率波动的因素并非仅仅依靠技术分析就能轻易掌握，地域性的贸易、国家的货币政策等不可控因素并不能及时地反映到盘面上，因此做交叉汇率操作要面临更多的风险。

7. 重要数据公布时就是交易的时机

一些与汇率相关的经济数据公布的时候，会引起外汇市场较大的波动，但是这并不是一个绝好的交易时机。因为这一时机是交易高手进行抉择的时刻，没有过多的机会留给普通投资者。

8. 真正的赢者会花落谁家

外汇市场是各种角色角逐的场地，普通投资者、交易商、操盘手和大型经纪商等，都想在市场上赢得一定的利益。但是，在这么激烈的竞争环境中，最后的赢家只有一个，那就是交易商，但前提是经纪商不参与市场的角逐。这里的交易商就像是一个交易场所的提供者。越多的交易者进入这个场所，经纪商就会有越多的收益，这就类似于经纪商是开赌场的，而其他角色就是这个赌场中的客人。

9. 计算机就能预测市场

在外汇市场上，有时候有些投资者以为找到了一些可靠的交易系统或交易信号，但事实上，这样的情况并不存在。真正优良的交易系统只有一些大型的经纪商才会去设计，而这样高价值的系统一般是严格保密的，是不会让其他人掌握这些交易系统的全貌的。而且，就算是真正的交易系统，也不能对市场中的所有信息进行捕捉和分析，所以，没有一台完美的计算机可以全面又精确地对市场进行预测。

外汇交易要成功，九大法则少不了

外汇交易过程中虽然有陷阱，但是也能运用法则避开，从而实现外汇交易的成功。下面介绍外汇交易过程中的九大黄金法则。

1. 做到适时止损

在外汇交易中，止损和重新入场的损失相差无几，但是很多交易者不愿意及时停止失误和亏损。事实上，止损就是为下一次的入场做好准备。如果不愿意止损，由于外汇市场变化莫测，那么更大的损失可能会接踵而来。

2. 严管账户资金

交易者在做交易的时候，所持有的仓位资金要保持在操作账户资金规模的 15% 以下，这样可以随时追加入场资金，但前提是前面的订单实现了盈利，即使在这种情况下，总的入场资金仍然不能超过基础账户的 15%。这样做是为了保证资金安全，不可将资金一股脑儿地全都投入进去。

3. 遵循交易规则

在瞬息万变的交易市场中，投资者可能会根据信息做出成千上万个判断结果，但是到了交易的时刻，交易者是不能被这些判断结果影响的，因为合适的时间只有一个结果是正确的，至于到底做何决策，交易者只能命中其中的一个。

4. 排除个人因素

在外汇市场中，投资者依靠思考与判断做交易，而交易的成败就因人而异了，因为所有进入这个市场的人都是思考者、决策者，都在想方设法地获取利益。每一位交易者都在这样的环境里算计别人，也被别人算计；每一位交易者既可以是猎人，也可以是猎物。所以，要想在外汇交易市场中不被打败，就要做一个没有思维、情感的交易者，因为"活下来"才是关键。

5. 最好不违反大方向

如果外汇市场的大方向没有改变，最好不要按自己的想法违反大方向，只有这样才不会落入庄家①的陷阱。

6. 一天只操作一次

无论结果好坏，投资者每天最多只发布一条交易指令。若连续发布指令，人心就会被带起来，各种情感也会掺杂进来，投资者的意识就会被市场的"魔性"控制，从而忘记自己的进场准则。所以，一天只操作一次的交易法则就是：进场之后，设好出场点和止损点，然后远离电脑，不再回到操作平台。

7. 小规模交易

初入外汇市场的投资者一定要从小规模交易开始，而且要选择价格幅度波动较小的品种作为交易对象。循序渐进，掌握经验之后再扩大交易规模，尝试波动性较大的交易对象。在这一过程中，投资者建仓的数量不宜过大，动用1/3的资金做交易更有保证，也更能控制风险。

8. 参考他人意见，独立判断

关于市场究竟如何变化，虽然可以参考他人的意见，但自己的判断才

---

① 庄家：能对外汇市场产生影响的大户投资者。

能起决定性的作用。投资者需要时刻保持警惕，不要轻易被别人的观点说服，对大势做出自己的判断才最重要。

9. 持仓亏损，退出交易

当交易者选错了交易方向，造成持仓方向与市场价格波动方向相反而亏损的时候，不可继续加码，果断退出才是明智选择，这样可以让损失控制在最小的范围内。一般亏损仓位不应该持续 2～3 个交易日，否则亏损会越来越大，甚至失去反亏为盈的机会。

依靠江恩十二买卖规则，理性做交易决策

江恩是 20 世纪著名的投资家，他依靠自己的买卖规则在股票市场上取得了非凡的成绩。他在股票市场上的取胜之道——江恩十二买卖规则，同样可以帮助投资者在外汇交易市场上取得成功。

1. 决定市场趋势

在江恩的观点中，决定市场趋势是最重要的一项。江恩指出，可以使用一些特殊的图表方法，即 3 天图和 9 点平均波动图来进行趋势分析，具体如表 8-1 所示。

表 8-1　3 天图和 9 点波动图的规则

项目	波动规则
3 天图	·当 3 天的最低水平下破，则表示市场会向下跌 ·当 3 天的最高水平上破，则表示市场会出现新高
9 点图	如果市场在下跌的市道中： ·市场反弹低于 9 点，则表示反弹乏力 ·市场反弹超过 9 点，则表示市场可能转势 ·市场反弹在 10 点以上，则市场可能反弹至 20 点 ·若超过 20 点的反弹出现，则市场可能进一步反弹至 30～31 点，市场很少反弹超过 30 点

2. 时间因素

江恩认为在决定市场趋势的因素中,时间因素处在重要位置,其具体如表 8-2 所示。

表 8-2 时间因素及其表现

时间因素	表现
时间超越价位平衡	在上升趋势中,若该次调整时间长于前一次,则该次市场下跌是转势。若下跌的幅度较之前的幅度大,则表示市场已经进入转势阶段
	在下跌趋势中,若市场反弹的时间第一次超过前一次,表示市场已经逆转;若市场反弹的价位幅度超过前一次反弹的价位幅度,则表示价位已超越平衡,转势出现
	在市场分 3 ~ 4 段浪上升或下跌的时候,通常末段位升浪无论是价位还是时间,幅度都会比前几段波浪短,表示市场的时间循环已近尾声,转势随时会出现
转市时间	江恩列出的转市时间,基本上每月有两段,类似于我国历法中的二十四节气
外汇市场运行日数	三个重要的时间段:短期趋势(42 ~ 49 天);中期趋势(85 ~ 92)天;中长期趋势(175 ~ 185 天)
预测顶、底时间的图表分析法	将市场数十年的走势做一个统计,研究顶部、底部出现的月份,以此预测市场的顶部及底部经常会出现的月份
	市场的重要顶部及底部周年的纪念日[①] 必须留意
	重要消息发生的日子[②],将会导致市场大幅波动

[①] 纪念日:市场经过重要顶部及底部后的一年、两年甚至十年,都是重要的时间周期,值得投资者留意。

[②] 重要消息发生的日子:战争、金融危机和货币贬值等日期。

3. 市场趋势逆转

江恩经过对市场趋势的研究，指出以下几点是需要注意的，如表 8-3 所示。

表 8-3　市场趋势逆转的注意点

市场趋势逆转点		表现
周期方面	市场假期	市场的趋势逆转，通常发生在假期前后
	周年纪念日	投资者要留意市场重要顶部和顶部的 1、2、3、4 或 5 周年之后的日子，这些日子经常出现转势
	趋势运行时间	投资者要留意市场顶部或底部之后 15、22、34、42、48 或 49 个月的时间，这些时间容易出现转势
价位形态方面	升市	参考 3 天图及 9 点图发现转势信号，若 3 天图或 9 点图下破上一个低位，表示市势逆转的第一个信号
	跌市	若 3 天图及 9 点图上破上一个高位，表示市势见底回升的机会十分大

4. 成交量

（1）市场接近顶部时，成交量大增。

（2）市场一直下跌时，成交量缩减，市场顶部随即出现，市价反弹指日可待。

在利用成交量分析逆转趋势的时候，还需用以下两条法则配合使用。

（1）时间周期。成交量的分配必须配合市场的时间周期，否则收效减弱。

（2）支撑位及阻力位。当市场达到重要支撑位或阻力位，而成交量的表现配合见底或见顶的状态时，市场逆转的机会增加。

5. 市场的分段

在一个市场中，通常会有三段甚至四段的上升；在下跌趋势中也是如此。其对应的买卖法则是：当上升趋势出现时，永远不要以为市场只有一浪上升便见顶，通常市场会上升、调整，上升、调整，然后再上升一次才可能走完整个趋势；反之，下跌趋势也是如此。

6. 掌握好入货点

（1）当市势向上的时候，追买的价位永远不是太高。

（2）当市势向下的时候，追沽的价位永远不是太低。

（3）在投资时，谨记使用止蚀盘，以免招致巨损。

（4）要顺势买卖，切忌逆势。

（5）在投资组合中，使用去弱留强的方法维持获利能力。

对于具体的入市点如何决定，江恩指出在趋势确认之后再入市最安全。

7. 调整三周后进行买卖

（1）当市场主流趋势向上时，若市价出现三周的调整，是一个买入的时机。

（2）当市场主流趋势向下时，若市价出现三周的反弹，是一个沽出的时机。

（3）当市场上升或下跌超过 30 天时，下一个留意市势见顶或见底的时间为 6 ～ 7 个星期。

（4）若市场反弹或调整超过 45 ～ 49 天，下一个需要留意的时间为 60 ～ 65 天。

8. 依据百分比进行买卖

江恩认为，只要顺应市势，有两种入市买卖方法。

（1）如果市况在高位回吐 50%，是一个买入点。

（2）如果市况在低位上升 50%，是一个沽出点。

9. 市场价位变化

市价上升或下跌的速度，是界定不同市势的准则。当市价平均每天的涨跌定位上升或下跌一点时，若市场平均每天（日历天数，不是交易日）上升或下跌两个点，则此时市价超出正常速度，进入快速市场趋势，通常这种市场趋势不会维持太久。这类市场速度通常发生在升市中的短暂调整期或者跌市中的短暂反弹期。

10. 市场数字学

在江恩看来，市场运行至某一个阶段时，便会出现波动。

（1）如果趋势上升，市场出现 5 ~ 7 个点的调整，可做超低吸纳。

（2）如果趋势向下，市场出现 5 ~ 7 个点的反弹，可趁高沽空。

（3）在某些情况下，出现 10 ~ 12 个点的反弹或调整也是入市的时机。

（4）市场由底部或顶部反弹或调整 18 ~ 21 个点时，可能会有短期的逆转。

11. 市场新高和新低买卖

该法规可以分为以下两项内容。

（1）当市场价格开创新高时，表示市势向上，可以追市买入。

（2）当市场价格下破新低时，表示市势向下，可以追沽。

12. 依据单底、双底或三底水平买卖

该法则是指，当价格下跌至底部支撑位时，可入市吸纳；当价格突破顶部阻力位并变为新的支撑位，或价格回落至顶部水平或稍低于顶部水平时，都是重要的买入时机。当价格升至从前的顶部，并出现单顶、双顶或三顶时，都是沽空的时机。

$ 延伸阅读：投资名人汇

1. 吉姆·罗杰斯的主要投资法则

吉姆·罗杰斯是国际著名的投资家和金融学教授，他的投资经历非常传奇。他与同行创立了知名的量子基金以及罗杰斯国际商品指数，他的诸多投资经历被众多著名的年鉴收录在册。罗杰斯从年轻的时候就开始涉足股市，他一开始的操作完全是凭着感觉走。在股市中获利又失败之后，他开始反思自己的行为，慢慢地，他领悟到：人获得成功后往往会被胜利冲昏头脑，这时候尤其需要平静思考。在后期的投资中，罗杰斯逐渐形成了自己的投资七大法则：独立思考法则、时间超越价位平衡法则、别进商学院法则、价值投资法则、等待催化因素的出现法则、静若处子法则和局部赔钱法则。

2. 彼得·林奇的黄金投资法则

彼得·林奇是个投资天才，他的职业是基金管理人，他具有现代化的思维，形成了自己独特的投资技巧，在自己创立的投资规则里取得了成功。

林奇最开始并不是证券分析师，而是商品分析师，正是这样的工作让他接触到了证券市场。通过不断地走访公司，他收集了丰富的证券市场情报，并且从中挑选出了自己的投资领域，依靠自己的判断和实践经验的积累，为自己的证券分析师之路奠定了坚实的基础。

林奇和所有做金融投资的人一样，特别重视信息的收集和掌握。他经常在鸡尾酒会等场所与人交流信息，根据别人的反应来判断股市的走势正处于哪个阶段，非常之准确与神奇。久而久之，他的"鸡尾酒会理论"应运而生，并被很多人赞同和效仿。

　　此外，林奇也非常注重独立思考，他从不轻易相信那些高谈阔论的股市评论专家，他始终坚信自己的判断。他的看法是：任何专家、理论和数学分析都是不可靠的。

第九章　站稳交易市场，交易策略举足轻重

在实践中摸索自己的交易风格和策略

设置资金的损失范围，谨防过度的交易操作

把握盈利机会，依据趋势采取行动

学会控制风险，管好自己的资金

延伸阅读：管好自己的外汇交易资金

在实践中摸索自己的交易风格和策略

外汇市场中常有一些非常优秀的外汇交易员，他们在不断的实践工作中会形成一套适合自己的外汇交易风格。而且经验丰富的外汇交易员总是能先知先觉地掌握市场的主要动向，在最有效的时间出手，成功完成外汇交易。学习优秀交易员的交易风格，对新手投资者来说，是增强其交易技能的有效法宝。当然，在外汇交易过程中，针对一些特殊情况，外汇交易员也有专门的策略可以应对。

1. 外汇交易员风格展示

（1）反弹交易员。反弹交易员关注的是上升或下降趋势中的暂停盘整。在盘整时期，交易员会看中一个时机，在价格还未突破阻力位，也未跌破支撑位时进场，这样的目标盈利空间要大于15个点。

反弹交易员的技术指标：15分钟图、标准布林带、慢速随机指标和平滑异同移动平均线柱状图。

（2）日内交易员。日内交易员非常有耐心，在30分钟图和4小时图等大一点的时间周期上进行交易，期望的平均盈利空间高于15个点。

日内交易员的技术指标：0个点乃至更宽的点区间的支撑阻力位。

（3）趋势交易员。不会寻找反转，更愿意跟随大众一起做交易。在确认了趋势的延续后，他们就开始进场，之后一般不再需要任何指标来确认趋势的延续。

（4）超短线交易员。他们会频繁进行交易，能从每笔交易中拿到利润，但是每笔利润都较小。他们的交易时间一般限制在1～10分钟的小周期里，着眼于近期的价格走势，能轻易抓住小幅的价格波动，然后快速获得利润。交易员选择多手交易，能拿到5～10点的利润。

超短线交易员的技术指标：砖形图。

（5）下单就忘交易员。跟随基本面的变化进行交易，寻找150～300个点的大波动区间进行交易。他们能找到使价格大幅波动的主要原因，对价格的变动关注较少，一般在4小时图、日图和周图上进行交易。

下单就忘交易员的技术指标：通道形态。

（6）套利交易员。偏好于购买货币对来获得较好的利息差额收益，这样的货币对主要有 NZD/JPY、AUD/JPY。套利交易比较流行，但是套利交易需谨慎，因为利率差并不是唯一的获利因素。

（7）突发事件交易员。世界上随时都会有突发事件发生，如战争的突然爆发和自然灾害的侵袭等，很多这样的事件都是不可预测的。然而，正是这样的突发事件，才会给进行外汇交易的人们带来一些机会。若有突发事件发生，这时依据突发事件进行交易是不需要技术指标的，关注价格走势与波动才是关键。突发事件发生之后，价格变动幅度会加大，要么大幅上涨，要么大幅下跌，这种大幅变动一般不会持续较长的时间，它会经过一段时间自行调整到一个相对稳定的状态。

（8）新闻交易员。依据新闻发布进行交易的显著特点是，价格会在较短的时间内出现大幅波动，这种交易方式比较适合一些业余交易者，只要关注一些新闻的发布，就能掌握一些交易机会。根据新闻交易的价格会出现三个阶段，分别是：新闻发布时市场对新闻结果可能会存在一些疑虑，价格开始进入盘整阶段；新闻发布后，新闻会给市场带来一定的震动，价格出现大幅波动；新闻的效应开始消失的时候，价格开始盘整，或者回调到之前的波动价格。

2. 外汇交易策略解读

外汇交易策略主要是依据新闻交易制定的。这样的外汇交易策略有四种。

（1）先知者：激进的交易策略。在新闻发布之前就选择交易方向，按市价下单。如果波动与交易方向相同，会继续持仓做好交易准备。

（2）波动率交易员：进行双向交易。在新闻发布之前，就做多或做空某一货币对，等新闻发布后，就立刻将亏损的单子进行平仓，继续持有获利单子，主要关注市场波动。

（3）突破型交易员：适时地交易。在新闻发布后，利用砖形图寻找价格破位方向，等到价格波动到最大值时进行平仓。

（4）斐波那契型交易员：等待新闻发布后的价格回调。等待新闻发布后价格回调到斐波那契线上，开始进场交易。

这些外汇交易方式和交易策略都是外汇交易员在实践中慢慢积累并总结得出的，具有很强的借鉴性。但是，外汇市场风云变幻，一些交易方式对某些交易者来说，或许只停留在理论层面。要想完全掌握外汇交易，则需要一个漫长的过程，除了学习已有的交易方式与策略之外，还需有足够的实践积累。对初入外汇市场的交易者来说，研究这些交易风格和策略，对自己的外汇交易之路必有帮助，然后在实践中不断摸索自己的交易风格，也是必不可少的技能。

设置资金的损失范围，谨防过度的交易操作

在外汇交易中，不管是基本面、图表技术分析，还是市场情绪方面等，交易员总是能将这些技术交易方法结合起来综合运用，然后做一些必要的交易设置，来更好地完成外汇交易。外汇交易中的止损设置和止盈设置是进行风险控制的重要策略。

1. 止损设置的技巧

什么是止损设置？在解释这个概念之前，我们先来看一个简单的例子：某人的账户中有 10 000 美元，而其每天能够承受的风险是 2%，那么此人每天最多可以亏损 200 美元，否则，就会面临更大的损失。

所以，止损就是要设置一个自己可以承受的损失范围来对交易过程中的风险进行控制。那么，这个损失该如何设置呢？

移动止损是止损设置中的一种方式。对没有多少外汇交易经验的新手来说，设置移动止损可以很好地改进交易表现。移动止损是一个预先设定的点数增量，与价格没有关系。假如价格上涨了 10 个点，那么止损也需要上调 10 个点，设置这样的移动止损后，交易员就不需要一直观察价格走势了。

2. 止盈设置的技巧

外汇交易中的止盈是指在价格达到一定的盈利目标后开始平仓的点

位。比如，用 1.3200 EUR/AUD 买入，希望拿到 20 个点的利润，那么止盈就应该设置在 1.3220。也就是说，当价格达到 1.3220 之后，交易系统才会开始进行平仓操作。止盈价格的设置也是交易者的一种保护方式。

一般认为，在外汇市场中 15 个点的止盈是较为合适的，这是在较小的时间周期内也能够实现的盈利目标。所以，交易者设置外汇交易区间的时候，最好是将每笔交易的盈利目标设置为 15 个点，待实现目标后，可以通过加仓来获得更多的利润。

3. 心理止损与心理止盈

心理止损和心理止盈关注的是大众心理的支撑位和目标位。关于这方面的信息并不难得，在二元期权①中，我们能够找到心理止损和心理止盈的点位。

二元期权是一种收益固定的交易，是一个非对即错的买卖。只要方向选择正确，买家和卖家都会有固定的收益。北美衍生品交易所和 IG Market 是进行二元期权交易的场所，在这里，交易员能够进行双向交易。这种交易中的买卖价只是一种可能性。比如，某个货币期权合约在周末到期，周一上午的卖价报价为 20，这说明大众的预期价格高于执行价格的概率是 20%。再如，EUR/USD>1.2125 的卖价报价是 88.50，这就意味着价格高于 1.2125 的概率是 88.5%，这里会有很强的心理支撑作用。EUR/USD>1.2325 的卖价报价是 17.50，这意味着 EUR/USD 只有 17.50% 的概率高于 1.2325。所以根据情绪信号，外汇交易者可以在心理阻力位附近设置止损，在心理支撑位设置止盈。

---

① 二元期权：一种简化的金融工具，其风险与价格是预先固定的，只考虑标的资产的价格走向。

把握盈利机会，依据趋势采取行动

外汇交易过程中有一些交易技巧可以帮助投资者实现外汇投资收益。这些交易技巧主要来自基本面分析和技术分析。投资者借鉴这些交易技巧，会对外汇交易的成功起到促进作用。

1. 不可缺少的盈利技巧

投资者进行外汇交易少不了交易技巧，以下这些交易技巧可以作为一个参考，帮助投资者发掘一些可靠的盈利机会。

（1）善于抓住良机并果断进入。投资者进入外汇交易市场之后，面对各家大张旗鼓的外汇交易，心里难免会产生一些畏惧，开始怀疑自己的方案，举棋不定之事时有发生，以致很容易错失一些良好的交易机会。

（2）新闻信息爆发时机就是炒作的机会。新闻信息对外汇价格的影响虽然都是短期的，但是汇价在短期的波动过程中会有一些间隙可以被投资者利用。对于这些真真假假的信息，投资者需要依靠自己的认知来进行判断，然后采取投资行动。

一般来讲，投资者应遵循这样的新闻炒作法则：于传言买入或卖出，于事实后卖出或买入。换句话说，就是在听到好消息时立即买入，在消息证实后立即卖出；在听到坏消息时，立即卖出，待消息证实之后，立即买入。

（3）抓住建仓时机和斩仓获利时机。外汇市场一旦开盘，就需要建仓,也就是买进一种货币,卖出一种货币,这就是一个建仓的过程,也可以说是建立头寸的过程。而在建立头寸的时候,汇价水平和建仓时机是非常重要的两个因素,投资者要根据已有的知识水平和能力来选择适当的汇价水平,而且一旦确认汇价,就要立即出手进行交易。

斩仓是指如果建立头寸后,汇价开始下跌,那么投资者就可以采取止损措施进行平仓,这样就能在很大程度上减少损失。

至于获利,就是要抓住时机,建仓后当汇价朝着对自己有利的方向变化时,就可以进行平仓来获取一定的利益;同时平仓时机也相当重要,应利用技术指标做好平仓时机选择,不可太早平仓,也不可太晚。

(4)遵循金字塔式建仓方法。所谓金字塔式建仓,就是当买入某种货币的时候,发现该币种价格开始上涨,那么投资者一般都会继续加仓。但是,在加仓的过程中投资者需要谨记:每次加仓的数量要比上一次少,如图 9-1 所示。

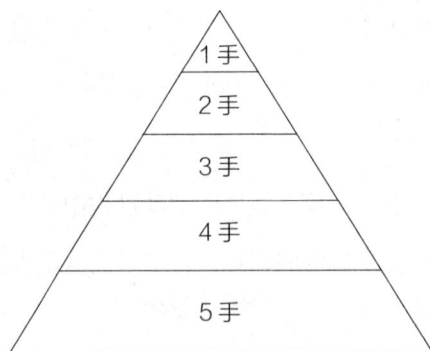

图 9-1　金字塔式建仓

所以金字塔式建仓就是逐次递减的加仓,这种建仓方式的优点是:一旦行情出现反向,汇价下跌,由于在高价位建立的头寸较少,相应的损失也会较少。

（5）平价技巧也是获利技巧。所谓平价技巧，是指当投资者对各项信息进行分析后，认为某货币对中的 A 币种会升值，然后买入相应的 A 币种，同时卖出 B 币种；然而在一些因素的作用下，A 币种并未升值，而是出现小幅下跌，但是依据分析结果显示，A 币种确实会升值，于是投资者就再次买入 A 币种。这样将两次买入价进行平均，就能够得到一个综合买入价，这个价格会比第一次买入价低一些，一旦 A 币种价格涨到第一次的买入价位，投资者就可以获利。

需要说明的是，平均价买入技巧适合拥有充裕资金的投资者，且外汇投资趋势为小幅震荡行情。此外，投资者还需要注意，在下跌行情中，该方法是没有任何效果的，应避免使用。

（6）抓住卖点进行平仓来获利。投资者如果能够把握平仓时机，抓住可靠的卖点，就可以获得较多的收益。具体有以下两种方法：

一是高抛法。投资者在买入货币的时候，已给这个货币定好了一个目标价位，一旦汇价达到这个目标，投资者就进行平仓。平仓依据是利用基本面分析和技术分析，确定一个合理的价位。

二是次顶平仓法。投资者一直是持仓状态，直到汇价出现第二次见顶迹象时才抛出自己手中的货币。平仓依据是使用技术分析方法判断价格的见顶迹象。通过双重顶、头肩顶和长期趋势等技术分析方法确定的中长期头部，一旦碰到就要果断平仓。

2. 抓住趋势才能不掉队

顺势而为在汇市中也算是一条约定俗成的规则，因为只有跟着大趋势走，投资者才不会掉队，也才能在大趋势中找到机会。而且在不同的趋势中，还要依据一定的因素采取合适的方法。一般来说，针对三种趋势状态，会有如表 9-1 所示的操作策略。

表 9-1　三种趋势状态的操作策略

趋势状态	操作策略
上涨趋势	采取持仓不动的策略，等待盈利继续扩大。经验丰富、水平较高的看盘投资者，还可以在这个上涨过程中做短线，从而获取上升波段中的利润
震荡行情趋势	采取低吸高抛的波段操作策略，也就是在重要支撑位买入，在重要阻力位卖出，这是一种成功率高且省心的操作策略
下跌趋势	采取逢高做空策略，尽量不要去抢反弹，若想做多，则可以在重要的支撑位轻仓做短线反弹，一定要短时持有，不要有过高期望值。若判断失误，要以最快的速度斩仓出局，以防被深套

在做趋势交易时，要谨记顺势而为的规则：要和趋势保持同步，不可与趋势做相反的操作。所以在顺势而为的过程中，投资者要先对市场进行认真细致的观察和分析，明确市场是单边趋势还是双边趋势，或是盘整状态。总之，所有的市场情况都需要投资者来进行准确判断，也就是投资者既要随着大趋势走，又要对自身操作行为进行适时的调整，使之与大趋势更加贴合。

一般来讲，在大趋势运动中，小幅的震荡是不可避免的。对于这些日常的小震荡，投资者其实不必过分在意，只要确定了大趋势，小震荡就可以忽略。

学会控制风险，管好自己的资金

外汇收益的不确定性指的是外汇交易中存在很多风险，不管是汇率的变动、利率的升降，还是交易者到期违约、外国政府实行外汇管制等，都会给外汇交易者带来风险。外汇交易是一项技术活动，也是一项高风险的活动。进行外汇交易时，投资者一定要对当下的外汇市场交易趋势进行充分了解，以减少或控制交易风险的发生。

1. 了解外汇投资风险

（1）外汇交易风险的三要素。外汇交易风险就是在一定时期内，由于汇率的变动而引起外汇价值涨跌不定的波动局面。外汇交易风险主要由三个要素构成，如图9-2所示。

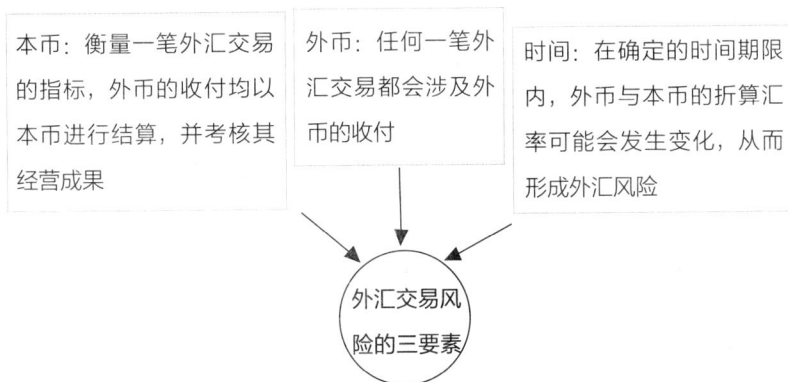

本币：衡量一笔外汇交易的指标，外币的收付均以本币进行结算，并考核其经营成果	外币：任何一笔外汇交易都会涉及外币的收付	时间：在确定的时间期限内，外币与本币的折算汇率可能会发生变化，从而形成外汇风险

外汇交易风险的三要素

图9-2　外汇交易风险的三要素

（2）外汇交易风险的类型。外汇交易风险的类型多种多样，而且不同的外汇交易风险还有自己的特征。一般来说，外汇交易风险主要有以下4种。

①外汇买卖风险，是指由外汇交易产生的汇率风险。这种风险是以某一时间买进或卖出外汇，将来又必须卖出或买进外汇为前提而存在的。

②外汇交易结算风险，指的是以外币计价或成交的交易，由于外币与本币的比值发生变化而引起亏损的风险，即汇率的变化使得实际支付的本币增多而产生亏损的风险。

③经济风险，是指不可预料的汇率变化导致投资者未来的纯收益发生变化。汇率变化主要表现在商品价格、销量、成本方面的变化。

④储备风险，指的是储备货币汇率变动引起外汇储备的价值发生损失的风险。外汇储备一般要进行品种分散以保持其多元化，并根据汇率变化适时调整。

2. 外汇交易风险的管理策略

要想对外汇交易风险进行控制管理，就需要先识别其风险，这样才能在进行外汇交易时有效规避或减少损失的发生，具体如表9-2、表9-3所示。

表9-2　外汇交易风险的识别技巧

识别技巧	具体内容
确定风险时间	汇率是随着时间的变化而变化的，在不同的时间点上，汇率的波动也有差异
分析风险原因	充分考虑直接作用和间接作用对风险的作用程度、作用要素、作用传递机制
估计风险后果	定性判断风险类型，定量估测风险可能造成的后果
不同的计量层次	估测风险头寸的大小，估计风险概率分布，估测汇率变动对承担主体的未来影响
判断风险类型	依据风险的不同特点，判断其类型

表 9-3　外汇交易风险的管控措施

管控措施		具体内容
两种风险控制手段	减少外汇业务	跨国企业和涉外企业可以通过减少外汇业务数量来降低外汇交易风险
	提高外汇交易风险预防能力	企业要提高风险业务的预防能力，保障外汇业务的安全性
三种风险融资手段	自我保险	企业自己承担部分或全部外汇交易风险损失
	购买保险	通过购买保险将企业的外汇交易风险转移给保险公司
	套期保值	利用期货市场进行价格的风险转移，以期货合约作为将来现货市场上买卖商品的替代物
两种内部风险抑制手段	信息投资	充分占有信息，并根据需要对信息进行有效分析和处理，掌握汇率变动趋势
	分散化	利用货币币种的多样化来分散外汇交易风险

$ 延伸阅读：管好自己的外汇交易资金

外汇交易的根本目的就是盈利，但要想盈利，就得控制好外汇交易过程中的各种风险。在外汇交易诸多风险当中，首当其冲就是要管控好外汇交易的资金规模。

管控好外汇交易资金规模的第一点就是了解资金的分配。

在理论上，投资额一般限制在全部资金的 50%（更保守的投资者可以限制在 30%）才算合理。在这种分配要求下，如果交易者在交易中已经赔掉了 50% 的交易成本，那么接下来还有两种资金分配方案可供选择一是将剩下的 50% 的资金（风险偏好者）全部用来投资，从而将损失的 50% 的成本给赚回来；二是利用剩下资金的 50%（对于风险保守者来说，指原始资金的 25%）再进行投资，来赚回两倍的收益。

管好外汇交易资金的第二点是进行科学的投资组合。

关于投资组合策略，通俗来说就是"不要把鸡蛋放在同一个篮子里"。也许有人会问："就算我们将鸡蛋放在了不同的篮子里，但最终提篮子的还是我们自己，也就是承担风险的还是我们自己，风险的作用对象始终没有变，我们能同时抓稳这些篮子吗？"

事实上，投资组合策略已经将这些风险给化整为零了，当风险变小时，我们是有能力抓住这些篮子的。但是一些公司会用不同的方式将散户资金组织起来形成基金，这样就会增强投资者抵御风险的能力，而且一些经验丰富的投资者都深知，抵御风险的能力越强，获取利润的空间就越大。因此，对新手投资者来说，投资组合是少不了的，这是一种可以分散风险的方法。

风险是一回事，交易又是另一回事。在外汇交易中，投资者为了让自己的资金得到充分利用并发挥作用，通常有八种交易方式。

（1）满仓交易法。一旦投资者认为捕捉到行情，便会毫不犹豫地满仓吃进或满仓抛出。

（2）倒退增仓交易法。这是指投资者对期货价格上涨把握不大时，试探性地小量买进。如果价格确实没有上涨而是开始下跌，那么投资者会等价格下跌到一定价位后以第一次交易额一倍的资金吃进；若情况继续恶化，价格仍然下跌，那么这时候投资者会以第二次交易额的一倍第三次吃进。如果投资者看空，则反向操作。

（3）激进增仓交易法。若投资者认为价格上涨，会先少量买进，一旦盈利，就会以数倍第一次交易的资金大量买入；如果价格持续上涨，可能会将所有资金用于买进。假如失误，则会重新整理进行反向操作。

（4）炒单交易法。抓住每天价格波动中的极小差价实行快进快出的交易方法，以量求胜。

（5）死扛交易法。死死地持有自己的交易头寸，直到自己认为该出仓时才有所行动。

（6）双向开仓交易法（又称锁仓交易法）。在同一月份、同一价位，双向同时对等建仓。

（7）概率交易法。如果第一次交易失败，以自己设定的少量亏损额交易平仓；如果第二次交易仍然失败，以自己设定的少量亏损额平仓出局，这样会在第三次或第四次平仓的时候获利。

（8）套利交易法。或是不同市场的同一品种，或是同一市场同一品种的不同时间的价位，依据它们之间的价差、多空等交易来套取利润。

外汇交易本就是和资金打交道，不管是通过哪种方式进行外汇交易，最终的目的都是利用有限的资金获取更大的收益。因此，管好自己的外汇交易资金是交易者的必备技能。

附录 $
APPENDIX

外汇交易常用中英术语对照表

中文术语	英文术语
（标准的）远期交割日	（Standard）Forward Dates
保证金	Margin
本票	Promissory Note
变动（化）保证金	Vriation Margin
标准的交割	Value Spot/VAL SP
初始保证金	Initial/Original Margin
单一汇率	Single Rate
当日交割	Value Today/VAL TOD
到期月份	Expiration Months
掉期交易	Swap Transaction
多头	Long
多头套期保值	Long Hedge
多头投机	Long Speculation
复汇率	Multiple Rate
隔日交割	Value Tomorrow/VAL TOM

续表

中文术语	英文术语
股价指数期货	Stock Index Futures
关键货币	Key Currency
官定汇率	Official Rate
国际货币基金组织	（IMF）International Monetary Fund
黄金期货	Gold/Bullion Futures
汇率	Exchange Rate
汇票	Draft
基点	Basic Point
基点价值	Basic Point Value
基本分析方法	Fundamental Approach
基本汇率	Basic Rate
即期对即期的掉期交易	Spot-Spot Swaps
即期对远期的掉期交易	Spot-Forward Swaps
即期汇率	Spot Rate
即期交割日	Spot Date
即期外汇交易	Spot Exchange Transaction
即期外汇市场	Spot Exchange Market
即期外汇投机	Spot Speculation
技术分析方法	Technical Analysis
间接标价法	Indirect Quotation
交割	Delivery/Settlement
交割日/结算日/起息日	Delivery Date/Settlement Date/Value Date
交易所	Foreign Exchange
金融期货	Financial Futures
开盘汇率	Open Rate

续表

中文术语	英文术语
看跌期权	Put Option
看涨期权	Call Option
可兑换性	Convertibility
空头	Short
空头套期保值	Short Hedge
空头投机	Short Speculation
利率期货	Interest Rate Futures
伦敦国际金融期货交易所	London International Financial Futures Exchange
买空	Buy Long
买入汇率	Buying Rate
卖出汇率	Selling Rate
卖空	Sell Short
美式期权	American Option
欧式期权	European Option
平价	At Par/Parity
期货	Futures
期货价格（履约价格）	Exercise Price（Strike Price）
期货交易	Futures Trading
期权费	Premium
清算公司	Clearing Firm
清算机构	clearing House
清算价格	Settle Price
升水	Premium
市场汇率	Market Rate

续表

中文术语	英文术语
收盘汇率	Close Rate
双向报价	Two Way Quotation
套期保值	Hedge
套算（交叉）汇率	Cross Rate
贴水	Discount
投机者	Speculator
外币期货	Foreign Currency Futures
外币期货交易	Foreign Currency Futures Transaction
外汇	Foreign Exchange
外汇交易	Foreign Exchange Transaction
外汇经纪人	Foreign Exchange Broker
外汇期货	Foreign Exchange Futures
外汇期货合约	Currency Future Contract
外汇期货交易	Foreign Exchange Futures Transaction
外汇期权交易	Foreign Exchange Option Transaction
外汇市场	Foreign Exchange Market
外汇投机	Foreign Exchange Speculation
完整汇率	Outright Rate
完整汇率报价方式	Outright Rate Quotation
维持保证金	Maintenance Margin
现钞汇率	Bank Notes Rate
现货交易	Spots Trading
信用卡	Credit Card
选择交割日的期汇交易	Optional Forward Transaction

续表

中文术语	英文术语
远期差价	Forward Margin
远期差价报价方式	Swap Rate Quotation
远期掉期率	Forward Swaps Rate
远期对远期的掉期交易	Forward-Forward Swaps
远期汇率	Forward Rate
远期套期保值	Forward Hedge
远期外汇交易	Forward Exchange Transaction
远期外汇投机	Forward Speculation
择期交易	Optional Forward Transaction
支票	Cheque
芝加哥交易所	CBT（Chicago Board of Trade）
执行价格	Stick Price
国际货币市场	International Monetary Market
直接标价法	Direct Quotation
中间汇率	Middle Rate
逐日盯市制度	Mark to Market Daily
最低汇率	Low Rate
最高汇率	High Rate